特別の教科

道徳

板書で見る

全時間
の授業のすべて

小学校 中学年

永田繁雄 編集代表
齋藤道子 編著

東洋館
出版社

まえがき

　令和の時代がその歩みを始め、道徳教育も名実ともに新たな時代に入りました。

　道徳教育は、他の教科等に先んじて学習指導要領が改訂され、従前は「道徳の時間」と呼ばれていたものが、「特別の教科」である道徳科へと新たに位置付けられました。そして現在、検定済み教科書を主たる教材として生かす道徳授業が各学校で展開されています。そのキーワードは、「考え、議論する道徳」、そして子供の「多面的・多角的な思考」による「主体的・対話的で深い学び」です。

　そこで本書は、そのための参考となり具体的な力となるように、毎時間の板書づくりに視点を当てて編集しました。なぜならば、板書は授業における工夫の中心的なステージであり、学習の全体を映し出し、子供の思考画面にもなるものだからです。中でも1時間ごとに1主題で進めることが広く行われている道徳授業では、板書づくりが他の教科以上に授業のイメージアップと見通しをもつのに重要な意味をもっています。

　しかも本書には、そのタイトルが示すように、学年ごとに年間にわたる道徳授業実施の標準時数である35時間分の展開案と板書例を織り込んでいます。そして、その各時間には、全国版の道徳教科書でなるべく広く用いられている教材や、道徳授業に関心をもつ先生方に定評のある教材を積極的に取り上げるように努めました。それは、先生方の利用の便を図るとともに、比較的馴染みのある魅力ある教材を基に、道徳授業に対する見方を豊かにし、毎時間の授業を子供と共に楽しみながら進めてほしいとの願いがあるからです。

　なお、本書の事例の多くは、執筆する各先生の道徳授業に対する考えを大事にして整理いただいています。その際、今まで広く行われてきた主人公への共感を軸にした指導過程にとどまらず、子供が問題意識をもち、それを学習テーマや学習問題（課題）として追求するような一体的な展開が可能となる事例がより多くなるように努めていただきました。

　こうして、多くの先生方の知恵と力とアイディアが結集し、心躍る展開例と板書例が数多く集まりました。ぜひ、各学校、各学級では、その多彩な問題追求の在り方を本書によって感じ取り、授業展開に迷ったときや指導方法や創意工夫の幅を広げたいと感じるときにも生かしてみてください。そして、これらの事例を参考とされ、子供を目の前にする先生方一人一人の授業への取組がより柔軟に広がっていくことを念じています。本書が、これからの時代の道徳授業の裾野を広げていく上で微力を果たすことができればこの上ないことです。

　令和2年2月

編集代表　永田　繁雄

板書で見る全時間の授業のすべて
特別の教科 道徳 <small>小学校中学年</small>
もくじ

1 道徳科の授業づくりと板書の役割

2 第3・4学年における道徳科の指導

3 第3学年の道徳・全時間の板書

A 主として自分自身に関すること

B 主として人との関わりに関すること

4　第4学年の道徳・全時間の板書

A　主として自分自身に関すること

5 特別支援学級中学年の道徳の板書

本書活用のポイント

　本書は、「特別の教科」である道徳科の時間の年間標準時数に当たる全35時間分の主題について、板書のイメージを中心に、教材の概要、学習の進め方などを合わせて見開きで構成しています。各事例に示す各項目のポイントは次のとおりです。

教材名と主題名

まず、各授業で生かす中心教材と、その下段に示した道徳の内容項目及び、学習テーマとしての主題名を確かめましょう。
教材が掲載されている教科書の出版社名も、教材名の右に五十音順で示しています。

教材の概要

本授業で生かす教材の概要をここでつかみます。どの教材についても数行で簡略に整理していますので、教材の要旨をつかむとともに、複数の中から生かしたい教材を選択する際の参考にしてみましょう。

教材を生かすポイント

ここでは、教材の内容のどのような点に着眼するとよいのか、また、それを授業の展開の中で生かすときに、どのような工夫が考えられるのかについて、箇条的に整理しています。
特別支援学級の事例の場合は、「特別支援教育の観点」として指導のポイントを示しています。

5年 　教材名　うばわれた自由

出典：学研、学図、廣あ、光文、日文、光村、教出6年

A 1 善悪の判断、自律、自由と責任　主題名　自由って何だ？

1 ねらい

　自由と自分勝手の違いについて考え、自律的で責任のある行動をするための道徳的判断力を育てる。

2 教材の概要

　森の番人であるガリューは、狩りを禁止された森から銃声を耳にする。銃を撃ったのは、国の王子ジェラールであった。ジェラールはガリューの忠告を聞かず、逆にガリューを捕まえ、牢屋へ入れる。しかし、その後、王になったジェラールは、勝手を続け、過去の自分の行為を後悔することとなる。

3 教材を生かすポイント

○本当の自由とは何かを考えさせる上で、「本当の自由」とそうではない「わがままや自分勝手」の線引きは容易ではない。だからこそ、自由についてのそれぞれの考えを「自由って何だ？」と問う。それらを児童同士で比べながら話し合わせると、どうしても容易には線引きができないことが出てくる。例えば、公園で野球をすることが他の人にとって迷惑となるのなら、「自由」ではなく「自分勝手」となる。そういったことについて、話合いを通じて明確にさせながら、ねらいを達成したいところである。

4 本授業の展開

学習活動と主な発問等	●指導の手立て　◆板書の工夫
1 自由だと思うことや自由な行為についての考えを発表する。 **Q1** みなさんの考える自由の中で、よくない自由がありますか。 **1**	●児童が考える「自由」について、マインドマップなどを基に考えさせる。 ●「自由」について仲間分けを行い、様々な自由があることに気付かせる。
自由って何だ？	
2 教材「うばわれた自由」を読んで、「自由とは何か」について話し合う。 **Q2** ジェラールの考える自由は、線引きができるでしょうか。 **2-1** **Q3** 「自由」か「自由ではない」かを判断するには、どんな考えが大切でしょうか。 **2-2**	◆ジェラールが牢獄に入れられるまでの絵を黒板に貼る。 ●導入で実施した活動を基に、ジェラールの行為について、自由とそうでないものについて線引きを行わせる。 ●ジェラールの行為についての自由とそうでないものについては、学級の多くの児童が自分なりの判断がつくと考える。その理由について議論させたい。
3 学習を通して自由について考えたことを基にまとめる。 **Q4** 自由って何だ？ **3**	●様々な状況の中で、適切な判断が求められる。その根本には、善悪の判断がある。児童には、様々な状況での「自由」について考えさせたい。
4 自由について考えたことを振り返る。	●自由について考えたこととねらいとを関係付けたまとめをする。

本授業の展開

　教材のポイントを押さえた上で、1時間の授業をどのように展開していくのかの大枠をここで押さえます。各展開例は、学習活動のステップと主な発問で構成し、それぞれの留意点や手立てをその右側の欄に対応させて示しています。予想される児童の発言例は、右ページにある板書例を参考にしてください。
　なお、展開例の多くは、児童の話合いが活性化し思考が深まるように、中心的なテーマを白抜き文字の枠に示し、一体的な追求が可能になるようにしています。また、展開段階の後半（いわゆる展開後段）についても、児童の振り返りとは異なる活動としている場合もあります。実際の授業に際しては、この展開例を参考としつつ、指導に当たる各先生の考えや学級の実態を生かした工夫を図ることが大切です。

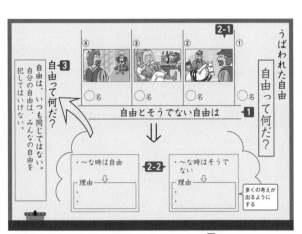

うばわれた自由

自由って何だ？

2-1

④ ○名　③ ○名　② ○名　① ○名

自由とそうでない自由は 1

↓

〜な時は自由　2-2　〜な時はそうでない

理由　　　　　　　　　理由

多くの考えが出るようにする

3 **自由って何だ？**
自由は、いつも同じではない。自分の自由は、みんなの自由を犯してはいけない。

3
Q3 では、「自由」か「自由ではない」かの判断について、Q1での問いを大切にしながら活動の続きを行う。その際、その判断をどのようにしていくのかじっくりと考えさせる。

2
Q2 では、ジェラールの行為について判断をさせる。多くの児童が、自由でなく自分勝手と捉えるかもしれない。しかし、そのことがQ3につながることを意識して進めたい。

1
Q1 は、導入段階であるが、学習の軸となる活動となる。それを意識しながら、自由の線引きはどこにあるのだろうかという問いをもって学習を進められるようにする。

いきたい。

準備するもの
○ ワークシート
　💿 5-01-1
○ 牢獄に落ちるまでのジェラールの絵
　💿 5-01-2〜4

板書を生かして盛り上げる工夫
○ 自分の考える自由は、5年生の児童にとって社会通念への理解からよい判断ができる面も多い。その児童にしてみれば、ジェラールの行為についての判断は、ある意味容易かもしれない。しかし、判断がつきにくい部分について、じっくりと考えさせて

評価のポイント
○ 自分の考える自由について曖昧な部分があることを理解し、学習を通じて、その部分について自分なりの考えを深めているか。
○ 比較したり関係付けたりしながら、自由についての捉えを多様化しているか。
○ 児童の発言や振り返り等の記述から学習状況を見取る。

本時の板書例

児童の視覚に訴え、話合いを深めるための板書の例が、ここで示されています。広く行われる縦書きだけでなく、横書きの板書も用い、話合いの中心部分とそこでの意見の違いなどがよく見えるように工夫されています。

板書作成のポイント

上の段の板書を構成していく際の押さえどころについて、ページの中段に三つの枠を置いて解説しています。実際の授業で板書例を生かすときの手順や、演出の具体的な方法などを、ここで押さえておきましょう。

準備するもの・作り方

ここでは、上に示す板書をつくる際に準備するとよいと思われる絵やカード等について、箇条書きで示しています。なお、「💿」マークの付いているものについては、本書付録のDVDにデータが収録されています。

評価のポイント

このコーナーでは、評価のポイントを、原則として以下の三つに分けて箇条書きで示しています。
・評価の視点1……多面的・多角的に考えることができたか。
・評価の視点2……自分のこととして考えることができたか。
・評価の方法……発言や話合いの様子、ワークシートへの記述等、児童の学習状況を見取る方法。

板書を生かして盛り上げる工夫　他

右ページ下のコーナーには、授業を盛り上げ、深める工夫として、以下の四つのうちのいずれかについて、指導例の特質に応じて示しています。工夫を一層広げる際に参考にしてみましょう。
・板書を生かして盛り上げる工夫　　・ICTの活用
・障害のある児童への手立て
・ゲストティーチャーを生かす指導
・板書を生かした理解のための支援

本書の活用に当たって

本書の各事例を、各学校で生かしていただくために、各ページの活用に際しては、特に次のことにご留意ください。

取り上げている教材について

本書では、各事例を先生方に幅広く参考としていただけるように、道徳教科書を発行する8社の各教科書に掲載されている教材の中で、多くの教科書に掲載されている教材や定評のある教材をできるだけ選ぶように努めました。

なお、同一の教材でも、教科書によって、教材名、教材文中の登場人物の名前、文章表現、使用する学年等が変わっていることがあります。

教材の出典について

活用の参考となるように、各事例で用いる教材の出典を教材名の下に五十音順で記載しました。道徳教科書については令和2年度版の検定済教科書によっていますが、版によって収録される教材が入れ替わる場合もありますのでご留意ください。

なお、「出典」の略記は、それぞれ下記出版社の教科書を表しています。

学研：学研教育みらい　　　学図：学校図書　　　教出：教育出版
廣あ：廣済堂あかつき　　　光文：光文書院　　　東書：東京書籍
日文：日本文教出版　　　　光村：光村図書

著作権上の規定について

各学校においては、各地域で採択された教科書を使用していることと思います。授業において、児童用に配布されていない教科書に掲載されている教材を活用する際には、著作権上の保護規定にくれぐれもご留意ください。

各事例で用いる用語について

道徳の授業展開や板書に関わる各用語については、編著者のほうである程度統一を図りましたが、各執筆者が日常の実践の中で用いる用語も大切にして書いていただいています。したがって、例えば、黒板に貼る文字を書いた「文字短冊」についても、「文字カード」「板書カード」「フラッシュカード」等、事例によって表現が異なる場合もあります。ご承知の上、ご活用ください。

なお、学年ごとの事例の後ろには、特別支援学級の当該学年段階で、特に、知的障害や発達障害のある児童を対象として指導に生かすことを想定した参考事例を4点掲載しています。各学級の児童の実態を的確に踏まえ、柔軟に活用してくださるようお願いします。

1

道徳科の
授業づくりと板書の役割

新時代に求められる道徳授業を
つくる

1 「特別の教科　道徳」＝道徳科の新たな姿を共有しよう

　新しい教育課程が全面的に展開された今、道徳の時間から「特別の教科」である道徳科へと大幅な改善が図られた道徳授業は、どのような姿や形で進められていくのだろうか。私たちは、まず次のことを共通理解し、共有しておきたい。

⑴ 子供の心の危機に対する「先手の教育」として

　道徳教育の要としての「特別の教科　道徳」（以下、「道徳科」）は、令和になる前の平成30年度より、既にその新しい趣旨を踏まえ、小学校段階で新たな姿で実施されている。学習指導要領の全面改訂に先立つ平成27年3月、その一部改正に基づき、昭和33年に特設された道徳の時間が、道徳科へと衣替えが図られたからだ。まさに、ちょうど60年ぶりに「還暦」を迎えて再生したとも言うべき新しい姿での再出発を図ることになった。

　なぜ、道徳の時間が道徳科へと位置付け直されたのか。それは、子供たちのいじめや暴力行為などの心の危機的状況に対して道徳授業がその役割をどのように果たしているのかが見えにくかったことに最大の要因がある。道徳授業はその忌避傾向と軽視化傾向が長く続き、それとともにマニュアル化、テンプレート化され、形式化・形骸化された授業が広がり、その効果を発揮してこなかったのではないかと長く言われ続けてきた。新たな趣旨で位置付けられた道徳科の授業はそのような課題を生まない心を育む「先手の教育」であることを改めて意識して臨むようにしたいものだ。

⑵ 「特別の教科」である道徳科になって変わったこと

　道徳科は、学習指導要領において、「第2章　各教科」とは別枠の「第3章　特別の教科　道徳」として章立てされた。このように、学習指導要領での位置付けは従前と同様の位置ではあるが、通常の各教科の枠組みとは異なり、「特別の教科」とされた。それは、中学校段階でも道徳科専門の免許は設定せず、学級担任が指導することや、特に各教科に見られる数値評価には馴染まないことなどから、それらとは一線を画したのだといえる。

　では、そのことによって何が大きく変わったのか。その変更点を項目的に整理するならば、主として以下の点が挙げられる。

① 道徳科の目標の変更の中にその指導の在り方や方向が強調された

　まず、道徳科の目標が大きく変更され、その中に道徳科が求める資質・能力である道徳性の育成のために求められる指導の方向が、次のような目標表現の中に込められた。

> **【道徳科の目標がえがく授業の在り方や方向性】**
> 　よりよく生きるための基盤となる道徳性を養うため、
> ①道徳的諸価値の理解を基に、②自己を見つめ、③物事を多面的・多角的に考え、
> ④自己の生き方についての考えを深める学習を通して、
> 　道徳的な判断力、心情、実践意欲と態度を育てる。　　　　（改行及び数字は筆者）

　ここで分かるように、道徳科は、教科と同様に道徳的諸価値という内容の「理解」を基に学習するものの、重要なのは自己に対峙して「自己の生き方」について考えを深めることであり、そのために、「物事を多面的・多角的に考え」る学習が大事にされる。

②充実された内容項目でいじめなどの心の課題に対応する

　また、指導する内容も子供が生き方を考えるための課題の視点から充実が図られた。小学校低学年が19、中学年20、高学年22、そして中学校22項目が全体として一貫性が図られ、キーワードを併せて示したことで、分かりやすくなった。その中では、例えば、「善悪の判断」の内容を項目全体の最初に置いたり、小学校低学年から「公正、公平」の指導をするように求めたりするなど、子供たちのいじめなどの課題に対応できるような充実が図られた。

③配布される検定済教科書を中心に多様な教材を生かし合う

　そして、道徳科になったことにより、検定済教科書を中心的な教材として授業を進めていくことになった。では、道徳教科書を順次そのまま用いて授業を実施すべきなのかというと、そうではない。道徳科の教科書は8社あるが、そのすべてが全国版であり、郷土色や、地域の状況、学校の課題などが必ずしも反映されているわけではない。学習指導要領にも、教材の在り方について、「児童の発達の段階や特性、地域の実情等を考慮し、多様な教材の活用に努めること」と示されている。道徳教科書を主たる教材としながらも、著作権に配慮をしながら多様な教材に視野を開き、効果的な教材を選んで計画を組み、授業を実施していくことは、今まで同様大切にされなくてはならない。

④評価で子供の学習状況や成長の様子を支援する

　その上で、子供や保護者に届く評価をしていくことも求められている。今までは通知表に道徳授業に関する評価欄を設定することがほとんど見られなかったように、評価については道徳授業の関心の外になりがちだった。しかし、すべての教育活動や教科指導に評価が伴うように、道徳科もその例外ではないことが一層明確になった。

　ただし、道徳科の場合、子供の人格全体に関わる道徳性に関する評価であることから、慎重かつ丁寧に、しかも、子供に対して謙虚に向き合うことが、ますます重要になる。当然のこととして、「数値などによる評価」はせず、評定や○△、数値的な「花丸」などを付けることは考えられない。子供の成長を積極的に受け止めて、認め励ます個人内評価として、子供の「学習状況」や「道徳性に係る成長」について、主として「多面的・多角的に考えを深めているか」「自分のこととして考えられているか」の二つの視点を押さえ、大くくりな形で表現して、子供の生き方を応援していくことになる。

2 「考え、議論する道徳」へと授業の質的改善を図ろう

　これらの道徳科としての新たな特質や在り方を踏まえ、授業を生み出していくことが、これからの道徳科の指導では特に重要になる。しかし、文部科学省からの報告や中教審答申などで示されていたように、道徳授業はその指導の在り方に様々な問題や課題が見られてきた。例えば、よく知られるように、以下のような授業感覚がしばしば指摘されている。

(1)道徳授業に長く見られてきた指導上の問題

　私たちは、ややもすると、道徳授業に際して、主人公の気持ちを順次問う各駅停車とも言えるような授業ばかりをしていることはないだろうか。もちろん、安心できる学びの空間をつくることは重要なことである。しかし、子供が自らハンドルを持って運転するという感覚が弱くなったとき、どうしても次のような授業に陥りがちとなる。

①教師の発問に子供が反応するだけの授業

　子供の反応が繰り返され、並べられるだけの授業である。しかし、子供が逐一反応し、それを教師が順次拾い上げてうなずき続けるだけでは、「生き方」に対する前向きな学びは生まれにくい。

②主人公の気持ちを問い続けるだけの授業

　また、主人公の気持ちを問い続けるだけで、国語の心情読解とも区別が付かないような指導が多く見られることも気がかりだ。道徳授業の多くは共感的な追求が軸となり、教材中の主人公の気持ちを問うことは広く行われる。しかし、そこで主人公の心情理解にとどまるならば、国語にも似て国語ほど深まりのない、いわば「小さな国語」のようなものになる。私たちはそこから抜け出さなくてはならない。

③教師の考える結論に引っ張ろうとする授業

　そして、教師の誘導性の強さも気がかりなことの一つである。多くの道徳授業は1時間という制約された時間内で進めるため、どうしても教師の考えた結論に引き込もうとする傾向が強くなりがちだ。道徳科は価値を教え分からせる時間であること以上に、子供なりの「納得解」とも言うべき自分事としての価値観を生み出す時間である。見えない「落とし穴」を「落としどころ」などと称して誘導するような授業は減らしていかなくてはならない。

⑵ 「考え、議論する道徳」へと授業を転換させるためのポイント

　これらの問題をどのように受け止め、どんな方向へと改善を図っていくべきなのか。私たちは、特に次の方向に授業の質的改善のための視野を向けるようにしたい。

①道徳授業としての「主体的・対話的で深い学び」を促す

　まず、道徳授業でのアクティブ・ラーニング＝「主体的・対話的で深い学び」について、意識して実現できるようにしていくことである。この学びの姿を三つに区分して考えるならば、次のことが重要になる。

　　ア　子供の問題意識を引き出し生かす……「主体的な学び」

　まず、子供の中に主題などへの問題意識を生み出すことである。例えば、導入や教材提示の段階で、生活体験に基づく問題、共通の社会的問題、教材に見られる気がかり、道徳的価値に関する問題などから問題意識を掘り起こし、焦点化し、学習テーマなどとして位置付けることで、道徳授業が子供にとって「自分事」化した一体的な問題追求が実現する。

　　イ　主人公への共感に終わらない協働的な学びにする……「対話的な学び」

　また、特に中心的な問いに際しては、教材や主人公に対する子供の多様な意見を引き出し、並べて終わりにするのではない。そこから学び合いを仕掛けていくのである。その際重要になるのは、切り返しや切り込み、揺さぶりなどの補助発問を生かして深めていく教師の話合いの組織力である。

　　ウ　各自の考えを切磋琢磨させ「納得解」へといざなう……「深い学び」

　その上で、子供同士が考えをぶつけ合い、磨き合う。まさにその切磋琢磨を通して、一人一人がかけがえのない自己の「納得解」としての価値観の形成につなげていく。

②「多面的思考」と「多角的思考」の両面を重視する

　物事を「多面的・多角的」に考えるとはどういうことか。その「多面的思考」と「多角的思考」はしばしば似たものとして処理されがちだが、両者は次のように異なる側面をもつ。

　・多面的思考……一つの物事を様々な側面から見て、考えを広げたりふくらませたりすること。
　　　　　　　　　　主に、分析的思考ともいえ、学び合い思考が軸になる。
　・多角的思考……自分ならば問題をどう考えるか、どうするかなどと考えの角度をもつこと。
　　　　　　　　　　主に、選択的思考ともいえ、対立の中の議論を通して、磨き合うことが多い。

　道徳授業では多くの場合、これらの両局面が現れ、学びの過程で往還する。子供がそのように立ち位置を大きく変えながら問題追求をしていく中で迫力のある授業が実現する。

③「質の高い学び」として挙げられた三つの学習を生かし合う

　文部科学省より平成28年7月の評価に関する報告の中で、いわゆる「質の高い学び」が次の三つの

学習として例示された。

  A　登場人物への自我関与が中心の学習……教材での登場人物の判断や心情を自分との関わりで考え、価値理解などを深める。

  B　問題解決的な学習……生きる上で出会う道徳的な問題や課題を解決することを重視する。

  C　道徳的行為に関する体験的な学習……疑似体験的な活動や表現活動などの体験的な学習活動を生かして学ぶ。

　これらが提示されたときには、道徳授業に関心をもつ多くの実践家が驚かされた。従前の文部科学省の立場では、このような指導過程を明確に示すことは考えられなかったからである。

　なぜ、このように示されたのか。それは、この例示自体が、道徳授業が形式化を超えて形骸化、硬直化しているのではないかという強い懸念の表れであり、そのことへの警鐘だと考えたい。

　紙幅の関係で詳しくは触れられないが、重要なのは、道徳授業で、これらの三つのフレーム（枠組み）が独立していると受け止めてはならない。また、例えば、今日はAの授業、次回はBの授業を、というようにすると、再びパターン（型）化に陥る。これらを相互に組み合わせたり融合したり、また他の指導方法を発想したりして、子供の状況によって千変万化するような多彩なスタイル（様式）を生み出す開発的な授業づくりを大事にしたい。

③　確かな学びを生み出す授業をこのようにつくろう

　では、私たちは、そのような魅力ある授業をどのようにして生み出すことができるのか。その授業の構想の手順や工夫について考えてみよう。

⑴授業を一体的に構想する手順の例

　授業の構想や学習指導案づくりに明確な順序はないが、「学習指導要領解説　特別の教科　道徳編」（P.80-82）に基づくならば、およそ次のように進めていくことになる。

【学習指導案作成の手順（例）】

　（ア）ねらいを検討する……指導の内容や指導の意図を明らかにする。

　（イ）指導の要点を明確にする……子供の実態と教師の願いから指導の要点を明確にする。

　（ウ）教材を吟味する……道徳的価値に関わる事項がどのように含まれているかを検討する。

　（エ）学習指導過程を構想する……子供の学びの過程を予想しその効果的な展開を構想する。

　この中で、（ウ）「教材を吟味する」という段階がとりわけ重要になる。教材を場面や心情だけの時系列の表にして分析するにとどまらず、教材のもつテーマや、教材についての子供の受け止めなどを浮き彫りにして、その持ち味や醍醐味を子供の視点で浮き彫りにする。だからこそ、「分析」というより「吟味」という言葉が「解説書」では大事にされている。

　さらに、（エ）「学習指導過程を構想する」については、およそ次のような手順を目安として進めていくとよい。

　１）学習の中心的な問題や課題、中心的な発問などのテーマについて考える。

　２）その発問を生かすために、前後の発問などを考え、追求の過程を仕立てる。

　３）子供の学びが能動的になる仕掛けを織り込むようにする。

　４）導入や教材提示の段階で主題や教材への問題意識がもてる工夫をする。

　５）授業のまとめ方や今後へのつなげ方を考える。

　重要なことは、まず学習テーマにもなるような中心的な問題や課題、発問などから構想していくことである。そして、これらの手順全体を受け止めて、板書の見通しをもつようにする。

⑵学びを多彩に仕立てるための七つの創意工夫の「引き出し」

　このように構想された指導過程には、子供のアクティブで豊かな学びを生み出すために、様々な工夫が織り込まれる。その具体的な内容について、「解説書」（P.84-86）には、次の七つが示されている。これは、いわば、創意工夫のための様々なグッズや小道具が入っていて、そこから必要なものを引き出して授業を仕立てるための「引き出し」と言ってよいものである。

【「解説書」が示す道徳科に生かす指導方法の工夫】

①教材を提示する工夫　　　②発問の工夫　　　　③話合いの工夫

④書く活動の工夫　　　　　⑤表現活動の工夫　　⑥板書を生かす工夫　　　⑦説話の工夫

　「引き出し」には様々な道具が入っている。私たちはそれを開いて、どんな道具が使えるのかをまず様々に知っておくことが必要だ。それが授業の工夫の幅を広げ、可能性を広げる。しかし、留意しなくてはいけないのは、ここことばかりに、多様な小道具を次々と用いてしまいがちなことだ。教師が工夫することに忙しい授業は、教師誘導の感覚が強くなり、子供はその至れり尽くせりの準備の中で翻弄されるばかりで、豊かな学びは生まれにくい。そこで、「解説書」では、上記の七つを示すに際して、次のように述べている（一部要約）。

　ねらいを達成するには、……児童が問題意識をもち、主体的に考え、話し合うことができるように、……最も適切な指導方法を選択して、<u>工夫して生かす</u>ことが必要である。

　そのためには、教師自らが多様な指導方法を理解したり……しておくとともに、児童の発達の段階などを捉え、<u>指導方法を吟味した上で生かす</u>ことが重要である。　　　（下線は筆者）

　このように、様々な「引き出し」を用いる可能性を考慮しながらも、「選択して、工夫して生かす」「吟味した上で生かす」と繰り返し示すなどして、教師のお膳立てが効きすぎて煩雑な授業としないように注意を喚起している。

⑶板書をそれぞれの工夫が集積する大きな「引き出し」として……

　この七つの「引き出し」の中で、「板書を生かす工夫」の項目は、平成20年改訂の「解説書」で新たに加えられたものである。板書そのものが指導方法の工夫として欠かすことができないものであり、並行的に加えられたのは当然であるが、それと同時に、板書については、次のようにそれぞれの工夫の集積場所として他の工夫と相互につながり合うところでもある。

　＜各工夫＞　　　　＜それぞれの工夫の板書との関わり（例）＞

　教材提示……板書に絵カードや写真などの情報を示したりしながら教材提示をする。

　発問………板書に発問に関するキーワードを示すなどして話し合う視点を明確にする。

　話合い………板書に発言内容の違いを類別したりして話合いを深める手掛かりにする。

　書く活動……板書に学習シートと同じ枠組みをつくるなどしてノート学習の充実を図る。

　表現活動……板書に教材の背景を描いたり要点を示したりして、活動の場を演出する。

　説話………板書に説話を補強する補助教材やキーワードなどを示したりする。

　いわば、板書は他のすべての工夫と深くつながった大きな「引き出し」であるといえる。それゆえ、板書の生かし方が道徳授業の成否を大きく左右し、その充実に導くカギにもなっている。板書をダイナミックに生かし、選り抜かれた工夫が広がることが大いに期待される。

　そこで、次節では最も授業の工夫が多彩に表れる板書に焦点を当てて、その意義、役割や工夫の在り方を考えてみよう。

1 道徳科の指導では板書づくりが大きなカギとなる

　板書は子供が学び合うステージである。生き生きとした道徳授業には、板書が授業展開の中に息づいている。道徳授業は１テーマ（１主題）ごとに１時間の枠の中で行われることが多く、一つの授業が板書づくりと同時に進む。したがって、子供の豊かな学びを促す上で、板書が果たす役割は他の教科以上にきわめて大きいといってもよい。

　板書はどのような機能や役割をもっているだろうか。まずそれを押さえておく必要がある。

(1)板書のもつ様々な機能を心得る

　前節で示したように、文部科学省の「解説書」には、「板書を生かす工夫」が「道徳科に生かす指導方法の工夫」の七つのうちの一つの項目として平成20年改訂時に位置付けられ、さらに、平成29年の「解説書」でも引き継がれた。

　その前半には、その重要性と機能について次のように記されている。

> 　道徳科では黒板を生かして話合いを行うことが多く、板書は児童にとって思考を深める重要な手掛かりとなり、教師の伝えたい内容を示したり、学習の順序や構造を示したりするなど、多様な機能をもっている。

　他の教科等の「解説書」では、板書の機能やその重要性をこのようにうたうことは見られない。それだけ、道徳授業においては板書に特別な意味があり、意義があるのである。

　板書のもつ機能については様々な形で整理されるが、上記の意義を基盤にして整理するならば、一般的な事項と併せて次のようなものを挙げることができそうだ。

●板書のもつ機能
- **ア　情報の提示**……教師の伝えたい内容を示したり、それを全員で確認したりする。
- **イ　構造的理解**……考えたい中身を順序や構造を生かして整理するなどして理解を促す。
- **ウ　補足・補強**……内容を補足したり、視覚的に補強、強調したりする。
- **エ　協同思考**……個人の考えや共通に与えられた情報を生かして、学級全員の思考の中心的な画面とする。
- **オ　授業参画**……子供の練習や作業、発表、議論や討論の場として生かす。　など

　道徳授業では、そのほとんどの学習で話合いが活動の中心となるため、話合いを広げたり深めたりする際に、このような機能が特に大切にされなくてはならない。

(2)道徳授業における板書の役割や特性を「格言」にすると……

　板書の機能をフルに活用することで、板書が有効に生かされ、その役割を発揮することができる。それを一層確かなものとするために、板書の原則的な役割を「格言」にしてみるのも面白い。例えば、次のような「格言」にして、その重要性を強調してみるのもよさそうだ。

格言１　板書づくりは授業づくり

　道徳授業では、前述のように、多くの場合、板書づくりと主題全体の授業づくりが並行的に進む。１時間を通して黒板をどのように生かすかを見通す作業は、それ自体が授業づくりの作業にもなる。道徳授業では、その特性を生かした板書づくりを心掛けたい。

格言2　板書は工夫を広げるステージ

　道徳授業の工夫の多くは、板書の中にも表れる。前節の最後にも示したように、「解説書」が示す七つの「引き出し」についても、例えば、教材提示の工夫として板書に絵などを貼り込んだり、発問のキーワードを貼り込んだり、書く活動でのワークシートの枠組みと板書を類似の形にしたりするなど、板書の工夫自体が七つの「引き出し」の多くと重なる。教師にとって、板書は工夫を広げるビッグステージなのである。

格言3　板書は1時間で1画面

　道徳授業の多くは、1時間1主題で進められる。その間に板書も1画面が整えられていく。したがって板書構成の手順と道徳科の学習指導案づくりが、同時に構想されることも多い。板書1枚をどのように設計するかが、道徳授業を構想する重要な考えどころになるのである。

格言4　板書は学級全員の共通ノート

　また、道徳授業では子供が板書の内容を自分のノートに写し取る作業はほとんど行われない。多くの場合、黒板そのものが子供の思考を整理し、考えを行き交わせ、共に練り上げるための共同作業の場となり、共通のノートとしての役割を果たしている。

格言5　板書は授業を映し出す「鏡」

　そして、道徳授業では、授業での主題や道徳的価値についての思考経路や構造などが板書に投影され、浮き彫りになる。だから、板書を見れば、授業の全体やその足跡が見える。板書は授業をそのまま映し出す「鏡」なのである。

2　柔軟な板書づくりで道徳授業をひらこう

　これらの板書のもつ機能や役割が生かされるとき、板書は様々な形になって表れる。板書の可能性を一層広げていくためにも、私たちは、次の構えをもつようにしたい。

(1)「解説書」が示唆する板書の多様さやその可能性

　まず、先に示した「解説書」の「板書を生かす工夫」の内容に続けて、次のように工夫の視点などを整理していることが参考になる。

> 　板書の機能を生かすために重要なことは、思考の流れや順序を示すような順接的な板書だけでなく、教師が明確な意図をもって①対比的、構造的に示したり、②中心部分を浮き立たせたりするなどの工夫をすることが大切である。
> 　　　　　　　　　　　　　　　　　　　　　　　　　　　　　　（下線及び番号は筆者）

　平成20年改訂時の旧「解説書」の同様の項においては、上記の趣旨に加えて以下のような文も付け加えられ、より詳しく述べられていた。

> 　特に低学年においては、③黒板を劇の舞台のようにして生かすことなども考えられる。また、教師が児童の考えを取り入れ、④児童と共につくっていくような創造的な板書となるように心掛けることも大切である。
> 　　　　　　　　　　　　　　　　　　　　　　　　　　　　　　（下線及び番号は筆者）

　「解説書」では、これらが示すように、内容を左から順接的に配置していくだけの、いわゆる「川流れ」的な板書にとどまらず、多彩な工夫を織り込むことの有効性について触れている。いわば、板書の機能を制約的に考えるのではなく、開発的な発想で捉え、そのもつ魅力や可能性について示唆しているのである。

(2)心掛けたい板書づくりでの構えと方向

　では、実際にどのような板書づくりに臨むとよいのか。「解説書」が示す上記の①から④を手掛かりにして改めて整理するならば、次のようなポイントが浮かび上がる。

① **構造的な板書にする**……話の組み立てや話合いの流れ、テーマやねらいとする価値の内容の違いなどが構造的に映し出されるようにする。

② **中心の見える板書にする**……中心的なテーマが何なのか、中心となる問題場面がどこなのかなど、授業の中核的な部分に幅をしっかりと取り、印象付けられるようにする。

③ **一体的に生かす板書にする**……画面全体に思考過程を見せたり、一つの舞台（ステージ）として生かしたりするなど、授業の追求に合わせた一体的な活用をする。

④ **子供と共に創る板書にする**……板書に子供の発想を取り込んだり、子供が参画できる部分もつくったりして、協働のイメージを大事にする。　など

　もしも、最初から見通しをもたないまま板書をつくり始めると、右から縦書きになり、発問ごとに絵やカード、子供の発言例が逐一並ぶような画面になりがちである。まさに、学習指導案をそのまま横にして見るような板書になる。もちろん、そのような方法が生きる授業展開もあるだろう。低学年段階では、時系列的な理解が必要な場合も多い。しかし、重要なのは、板書のもつ可能性を踏まえ、黒板という長方形を常に一体感のあるものとして捉え、中心のある構造的な板書を構想する構えを見失わないことである。

3　授業を活性化させる板書の様々な工夫を心得よう

　そして、実際の板書づくりに際して、私たちは、時にスパイスの利いた、また時に大胆にアレンジをした板書にすることで、道徳授業を開発的に発想していきたいものだ。それが、子供の学習の可能性を広げていくことにもつながるからである。

(1)授業の内容に応じて、こんな板書をデザインしてみよう

　例えば、次のような板書を、それぞれの授業の内容や主題の特質、子供の学びに合わせてつくっていくようにする。なお、これらはあくまで創意工夫の例である。これらのイメージを趣旨に合わせて相互に重ね合わせると、板書の工夫は無限大に広げていくことができる。

工夫1　話合いの中心部分をクローズアップした構成

　道徳授業には、子供が最も考えたいと思う場面やテーマがある。それが多くの授業では主題となり、中心的な問題となる。板書にはそれが見えるようにし、またその中心的な練り上げの場を確保して、そこに子供の感じ方、考え方が多様に浮き出るようにしたいものだ。

　板書にテーマなどを明記することで、その全体が問題追求の場として引き締まった構成となる。また、中心部分を浮き立たせることで、授業展開と同様に、板書にも抑揚やメリハリが出る。

工夫2　意見の違いを捉えやすく分類して示した構成

　板書に一人一人の考え等が区分けされてこそ、子供は多様な考えの中での自分の考えの在りかや特色などを押さえることができる。道徳授業では、子供が自らの意見の在りかを表明するときには、ネームカードや色カードがしばしば活躍する。子供は自身の場所が見えると、自己の考えに対する責任と、話合いへの切実感、意見表明への意欲を高めることができる。

工夫3　上下または左右に対比的に見せて対立させたり、比較したりする構成

　上記にもつながるが、対比的・対立的な構成にすることで、自分の立場ができ、考えが明確になる。プラスの考えとマイナス的な考え、自分の現実と理想の違いなど、対立する意見や二分する内容を含むときは、四角い板書を思い切って上下または左右に対置するのも面白い。

例えば、「する・しない」「天国と地獄」「行く・行かない」などの対立が見えたとき、必然、教室の座席も、左右に分かれて、討論的な授業になることも多いだろう。

工夫4 心情図や心情曲線、心のシーソーなどを配置して心の変化などを見せる構成

これは、気持ちの変化を高さの変化や色の違いで表したり、チョークの線で黒板の中にグラフのように書き込んだりして、視覚的に分かりやすくする工夫である。

気を付けたいのは、子供の価値観は様々であり、その心情の高さや色は一つに決まらないのに、板書には代表事例しか書けない場合が多いことである。板書に残されたものは、あくまで例示であると受け止め、それのみが正解だとする感覚に陥らないようにしなくてはならない。

工夫5 黒板を劇場の舞台のようにして生かす構成

黒板が森の世界になったり、イソップ童話の草原になったり、二つの島がその左右に配置されたりする。また、黒板の真ん中に大きな虫かごを描けば、そのかごの中の虫に子供の心が投影される。黒板を劇の舞台に重ねたこのような構成は、特に低学年段階の子供に強い印象を与える。そして、黒板の舞台背景の中に発言内容がアレンジされていくと、子供はその画面に自分の感情や思考を素直に重ねて溶け込ませていく。

工夫6 顔の絵や板書絵を移動したりして変化を付けた構成

黒板の中に人物絵や場面絵を貼り込む方法は、道徳授業でしばしば見られる工夫である。しかし、細かな情報提示は、子供の創造的な思考のブレーキになる。貼り込む絵の枚数など情報を絞って提示することにより、子供の想像をかき立て、話の世界を膨らませることができる。また、貼り込んだ顔絵の表情を裏表で変えておき、例えば「うれしい顔→悲しい顔」のように変化を見せる方法も面白い。人物や動物の絵を黒板上で移動したりする方法もよく見られる。

なお、時に、表情が誘導するような授業を見ることもある。むしろ表情を付けないシルエットが効果的なことも多い。その表情自体を想像しながら話し合う面白さがあるからである。

工夫7 子供が参画できる工夫を強調した構成

一人一人が自分の意見を貼る、自分の名前札を板書のコーナーを選んで貼り込む、自分の意見を黒板に思い思いに書くなど、板書への子供の参画の仕方は多様に考えられる。子供が板書を生かして自分の立場を表明したり、意見を短冊に書いて貼り、それをグルーピングしてみたりすると、話合いに一層の深まりと迫力が生まれる。そうすることで、板書は常に教師がつくるものという思い込みから抜け出すこともできる。

⑵教師の料理の「お膳立て」を子供の学びへの「仕掛け」に変えていく

板書は子供の心が豊かに交わる場であり、体温のあるコミュニケーションを促すための広場である。しかし、教師が自分の視野からだけで目一杯活用しようと肩に力を入れ過ぎると、時に、教師が豪華に料理するだけの画面となり、板書そのものが授業を狭く、堅く、息苦しく、重くなりがちだ。このような「板書づくりのための授業」に陥らないようにするために、私たちは少なくとも次のことを心に留めておくことが大切だ。

①板書は子供の学習が織りなす作品であることを心に留める

一つは、板書を教師が予め想定した「予定調和」だけの「作品」にしないことである。もちろん、力を込めた工夫は大切だ。しかし、板書は子供の考えが織りなす画面である。教師はそのような子供のエネルギーを生かしながらつくっているのだという意識を忘れてはならない。

②カードや絵を過度に用意するなど細かな「お膳立て」をし過ぎないようにする

また、カードや場面絵などが数多く並ぶ板書をつくることは、子供の意識を教師のカードの貼り込みで誘導し、教師の意図の中に強くはめ込んでいくという面もあり、子供は、授業に対して受け身の意識しかもたなくなる。

言うならば、カードや絵の「枚数の多さ」は、教師が自分の意図どおりに流したいという思いからくる「不安の強さ」と比例している。文字短冊などはその枚数を絞り、逆に、板書の構成で子供の思考を促す「仕掛け」をしていくのだと考えるようにする。

③アナログ画面としての手作りのよさも失わない

　そして、板書のアナログ画面としての特質を生かすことである。今はICTが席巻し、情報提示の優れものとして活躍する時代である。パソコンに読み込んだ画面や教材の文章をスクリーンに投影する教材提示も多く見られる。確かに簡便であり、分かりやすく見やすい画面などはこれからも適切に生かしていきたい。

　しかし、それとともに、道徳教育は見えない心が交わる世界であり、デジタル以上にアナログの力が子供の学習を動かしている。手作りの中に教師の心が込められ、子供の心の琴線を震わせるアナログ感のある板書は、デジタル化時代の今だからこそ、かえってその新鮮さと重要性も増しているのである。

2

第3・4学年における
道徳科の指導

1 子どもの道徳性の発達上の特性と指導の工夫

○ 3 年生の道徳性の特性

　3 年生になってくると、学校や地域での生活に慣れてきて、交友関係や行動範囲が急速に広がり、それによって社会性が大きく育ってくる。

　これまでは、親や教師の教えや指示にしたがって行動してきたが、この時期になると自己の行動欲求が強くなり、これまで培われてきた他律的な道徳観に自分勝手な都合のよい解釈を加えて行動するようになる。

　例えば、きまりを守らないのはよくないこと、悪いことと思っていながら、自己の欲求の強さや人間関係から、誤った行動をしてしまうという姿がよく見られるようになる。

　こうした状況は、コールバーグの道徳性発達段階で言えば、個人的な差こそあれ、年齢的には、前慣習的水準の第一段階の他律的道徳性に基づく「罪と服従への志向段階」から、第二段階の自分の利害やエゴに基づいて行動判断をする「個人主義・道具主義的相対主義への志向段階」に位置していると思われる。

　広がる交友関係や人間関係の中で、子どもたちは、自分と他者、あるいは自分と集団との間でさまざまな感情や葛藤を体験し、それらを通して、関係性の中にある自己というものを認識し、「個」に加えて集団の中の「一員」としての望ましい行動について考え、社会性を身につけていくのである。

○ 3 年生の指導のポイント

　他律的な道徳観から自律的な道徳観へと移行する間口に差しかかってくる 3 年生の道徳の授業では、既存の道徳観と今の自分に生じている感情や葛藤とを個々が認識し、内的対話を通して自己認識を高めていくことが大切である。

　つまり、「個」及び「集団の一員」としての自分に気づき、自己理解を深めていく中で、よりよい自己の生き方について考え、新たな道徳観を生み出していくような授業展開が重要となる。

　また、子どもたちが授業で学んだ道徳的価値のよさを実感し、進んで自分の中に取り込んでいけるよう、道徳教育との関連を意図的、計画的に図り、実践につなげていくようにすることも大切である。

　さらに、日常生活にも目を向け、望ましい行動について朝の会や帰りの会等で発表し、互いに認め励ます場の活用も大事である。

○ 4 年生の道徳性の特性

　4 年生になると、10歳となり心身も発達にも顕著な変化が見られるようになる。知的な発達では、言語の発達にともなって、概念の言語認識が進み、抽象的な、あるいは役割取得による想像的な思考が発達し、教材の内容と自己の体験とを結びつけながら、多面的・多角的に考えることができるようになる。

　この状況は、コールバーグの道徳性の発達段階で言えば、個人差こそあれ、慣習的レベルの第三段階の「対人的同調あるいは、よい子志向段階」に位置すると思われる。

　学校では、高学年に仲間入りをし、下級生のお世話をする立場となり、他者や集団の中にある自己をより認識する機会が増えてくる。

それにより、みんなから見られる自分を意識するようになり、承認欲求も強くなってくる。そのため、他者を助けたり喜ばせたりすることは正しいことと捉える、「よい子」志向が見られるようになってくる。

しかし、その一方で、自己の欲求が強くなったり、友達に対する好き嫌いや力関係等を認識するようになり、表向きの自分と内面的な自分との間に生じる矛盾や葛藤を通して、自己の行動調整をする姿が見られるようになってくる。

○ 4 年生の指導のポイント

こうした時期にある 4 年生の道徳の授業では、「よい子」的志向の発言を主導として授業を展開していくのではなく、個々の内面に生じる感情や葛藤を十分に認識させながら、その根拠を深く掘り下げて道徳的価値理解を深めていくことが大切になる。

そして、なぜ、そうした感情や葛藤が自己の中に生じるのか、また、どうすればその心を落ち着かせることができるのか、みんなと折り合いをつけるにはどうすればよいのか等について、話し合いを通して多面的・多角的に考えさせていくことが大切である。

それにより、子どもたちは、「個」としての自分や、他者や集団の「関係性の中にある自分」への認識や理解を深め、自己のよりよい生き方や在り方についての考えをより深めていくことができるようになる。

○よりよい道徳の授業を行う基盤

子どもたちが、道徳的価値に照らして自己を見つめ、道徳性を豊かに育んでいくためには、何と言っても、子どもたちが、互いに尊重し合い、個々のよさを認め合い、伸ばし合い、成長し合える心温かな学級環境が重要となる。

子どもたちが、教師や友達と心温かな信頼関係にあるとき、子どもたちは肯定的な自尊感情を抱き、外界に積極的に自らを開いていく。外界に開かれた自己は、積極的にさまざまな関わりを求め、豊かな体験を通して多くのことを学び、道徳性が生きて働く実践へとつながっていく。

したがって、教師は、常に一人一人の子どもに温かなまなざしを向け、きめ細やかに児童理解を深めながら、秩序ある自治的な学級経営を行うことが大事である。

子どもたちの心が、生命尊重・秩序・公平・公正・正義・思いやり・協力等に基づく安心感に支えられるとき、子どもたちは自分自身に素直に向き合い、自他や人間に対する理解を深め、自己の生き方や在り方について深く考え、豊かな道徳性を育むことができるのである。

2 新学習指導要領を踏まえて

○道徳教育の要としての道徳科

平成29年 3 月、21世紀を生きる子どもたちにつけさせたい「資質・能力」の新たな育成視点に基づいて学習指導要領が告示された。

そして、「主体的・対話的で深い学び」に基づく「授業改善」、並びに、教科や領域の枠を越えて横断的・統合的に「資質・能力」の育成を図る「カリキュラム改善」の 2 つの側面からの新たな改革が求められた。

周知の通り、道徳教育とは、学校の全教育活動を通して子どもたちの道徳性を育むものであり、「特別の教科 道徳」は、その道徳教育の要として機能し、より横断的・統合的に子どもたちの道徳性を育むものである。

これに基づき、各校においては別葉等を作成して、各教科及び領域等との効果的関連を図り子どもたちの道徳性の育成を試みてきた。

しかし、今後は、「資質・能力」の育成視点に立ち、各教科・領域を越え、道徳教育と道徳科との効果的連携をより意図したカリキュラム改善を行い、より広い視野から道徳性の育成を図っていくことが大切となる。

3 「主体的・対話的で深い学び」とするために

道徳性の発達段階において大切な時期にある中学年では、子どもたちが、道徳的課題を自分事として捉え、教材や主人公に自己関与させながら、道徳的価値についての理解を深めていくような授業を展開していくことが、真に大切になってくる。

以下では、道徳の授業を「主体的・対話的で深い学び」とするための具体的な例を指導過程に沿って紹介する。

○指導過程の工夫
①導入時における工夫
導入で、子どもたちの興味・関心を高めることで、子どもたちは学習意欲を高め、課題意識をもって自分事として考え、主体的な学びを展開することができる。

【具体的な工夫】
・事前に本時で取り扱う内容項目に関わるアンケート調査を行い、今の自分や自分達の状態を捉えさせ、課題意識をもたせる。
・日常の子どもたちの実態を写真等で示し、理解と実践との乖離を認識させ、自分事として考えようとする意欲を高める。
・自分たちの身の周りで起きている事象について写真や各種調査結果を示して関心をもたせ、学習テーマを設定して学習の目的を明確にする。
※実際の人物や事象に直に接したり、体験したりすることで、自己の中に生じた道徳的心情や道徳的課題を捉えさせ、よりよい生き方や在り方について主体的に考えようとする意識を高める。

②教材提示における工夫
教材提示が、分かりやすく魅力あるものであると、子どもたちは、五感を通してより豊かに共感的に道徳的価値を感得し、その後の話し合いを深いものとすることができる。

【具体的な工夫】
・導入から教材への移行を自然につなげ、子どもの心に響かせるような教材提示を工夫する。(範読・黒板シアター・パネルシアター・映像シアター・ペープサート・シルエット・効果音・教師の寸劇・ゲストティーチャー・インタビュー・BGM・統計等による工夫)

③道徳的価値の追求における工夫
本時で何を考えるのかを明確することで、子どもたちが発問に基づいて主体的に道徳的価値について話し合い、多面的・多角的に価値についての理解を深めていくことができる。また、それにともなって、自他や人間に対する理解を深め、自己のよりよい生き方や在り方についての考えを深めてい

くことができる。

【具体的な工夫】
・子どもが自ずと考えたくなる発問構成と子どもに問う言葉の吟味を十分に行う。
・本音を揺さぶり、道徳的価値をより深く掘り下げるための効果的な補助発問を入れる。
・話し合いの人数や形態・時間の確保・グループワーク・役割演技・体験活動・ワークシートの書き込み等を適切に取り入れて、個別思考と集団思考による道徳的価値理解を深める。
・全教育活動に多様な言語活動を取り入れるとともに、話し合いの仕方やルール等についての日常的指導を積み重ねる。
・話し合いをもとに、思考を広げたり、深めたりすることができように子どもたち自身が書き込んだり、つくったりする思考ツールやワークシートを活用する。
・言語による表現が十分にできないときに子どもが自由に使える「表情マーク」や「表情シール」や「吹き出し」等を常備する。
・話し合いの論点を明確にし、子どもの思考の流れや構図が視覚的に捉えられるように板書する。

④**価値に照らして自己を見つめる工夫**

　教材について話し合った後には、道徳的価値に照らして自分自身を見つめさせることが重要である。低学年では、自分がよくできた経験等を想起させて、その時の心地よさや周りの人々の気持ちなどをもとに道徳的価値や行為に対する強化を図るが、中学年では、より深く自分自身を見つめさせるために、上手くできなかったことについて振り替えさせることも、今度の自己のよりよい生き方について考えを深める上で有効である。

【具体的な工夫】
・主人公と似たような体験を想起させ、その時の自己をモニタリングすることによって、自ら改善していこうとする気持ちや実践意欲を高める。
・道徳的価値に照らしてこれまでの自分を振り返り、その時の自分や相手の気持ちや思いを考えることで、よりよい自己の生き方についての考えを深める。

⑤**終末における工夫**

　ここでは、本時の学習を板書で振り返り、本時の「ねらい」「学習テーマ」「学習課題」について、教材を通して自分がどのように考えたのかを整理する。ワークシートに書く場合は、中学年では文字数や表現力に差が出るので、ワークシートや道徳ノートのスペースを考慮するとともに、個に応じて「表情マーク」や「吹き出し」「個別の聞き取り」等を工夫し、文字の分量や内容のみで評価しないように十分に配慮したい。

【具体的な工夫】
・本時の「ねらい」「学習テーマ」「学習課題」等について考えたことをワークシート等に書かせ、互いに交流し合う。
・学習したことを実践に生かせるよう、具体的な事後の活動を設定し、実践につなげる。
・道徳的価値に照らして意図的に自分を見つめることができるよう、家庭とつなげ、家族と話し合ったり、コメントをもらったりする。

○発問の工夫

　道徳の授業は、子どもたちが話し合いをもとに、多面的・多角的に道徳的価値についての理解を深め、これからの自己のよりよい生き方についての考えを深め、実践力を培う時間である。そこでは、何と言っても発問が極めて重要となる。

　中学年の話し合いでは、「集中力が続かない」「話し合いの論点が明確でなく、単なる意見の言い合いになって、上手く練り上げられない」「教師による価値の押しつけ的なまとめや、子どもたちの決意表明になってしまう」といった課題があり、教師が一部の児童の意見をもとに授業を進めてしまう姿も見受けられる。

　こうしたことを改善するには、やはり、何と言っても「子どもたちが考えたくなる」「自分の意見を述べたくなる」「みんなの考えを聞きたくなる、知りたくなる」「自分でもっと調べたくなる」ような、子どもの内面に深く響かせ、掘り下げていく発問の吟味が重要になる。

　道徳の教科化に際して、「考え、議論する道徳」への質的転換が求められ、これを受けて、教師は話し合いに重点を置き、二項対立型やモラルジレンマを活用した授業、あるいは話し合いで多様な意見を引き出してオープンエンドでおわるといった授業が多く見られるようになった。

　しかし、道徳の時間は、単に意見の交換をするのではなく、道徳的価値についてより多様な側面からその価値についての理解を深め、自己の新たな道徳観をつくりだしていく時間であり、実践を通してより深い道徳性の育成が図られていくのである。

　したがって、子どもが道徳的価値に照らして自己を見つめ、人としてのよりよい生き方、在り方についての考えを深めていくための発問について、教師は、子どもの反応を常に考えながら繰り返し吟味していく必要がある。

○表現活動の工夫

　中学年は、他律的な道徳観と本音の自分との間でさまざまな感情や葛藤を体験し、それによって新たな道徳的価値を見いだしていくという大切な時期にある。

　したがって、自分の思いや考えを素直に表現できるよう、心温かな人間関係に支えられた学級経営はもとより、一人一人が自分の考えをもって話し合いに参加できるようにすることが大切になる。

　そのためには、自分の考えや思いついたことを忘れないように、付箋等にメモして発言するとともに、気になる友達の考えをメモするという表現活動も工夫したい。

　また、いつも中心発問や終末でワークシートに書かせるのではなく、子どもが自由にワークシートに書き込んだり、吹き出しで書いていったりすることができる自由度の高いワークシートも工夫したい。

　また、グループで話し合う際にも、話し合いを活性化させるための土台となるグループシートや、目的に応じた思考ツールの活用も工夫したい。

　加えて、教師は子どものつぶやきに耳を固め、それを上手に広げて、全員を話し合いに参加させていく工夫をしていくことが大切である。

1 板書とは何か

　道徳の授業の指導方法は、実に多様であり、教師の学びの深さと一つ一つの工夫が、その授業の質に直結してくる。今後、「主体的・対話的で深い学び」となる授業を目指す上では、子どもたちの課題解決の作戦版となる板書は、より一層重要なものとなってくる。

　板書は、授業を参観する者にとっては、その時間の授業内容を一瞥できるものであり、その時間に子どもたちが何をどのように考えたのかを一目で把握することができる。

　また、教師にとっては、導入から終末に至るまでに出された子どもの意見や、授業の流れを記録するものであり、自分の授業を振り返り、さらなる改善を図る上でとても重要なものとなる。

　さらに、授業の主役である子どもたちにとっては、この道徳の時間に自分たちが何を感じ、考え、それらについてどう思考を深め、新たな道徳観を生み出したのかという、いわゆる思考の作戦版であり、思考の過程の軌跡を示すものとなる。

2 板書の役割

　道徳の授業における板書には、大きく5つの役割がある。

（1）本時では、何を考えるのか（目的）
（2）そのために、どの場面でどのようなことを考えるのか（考える手立て）
（3）どんな考え方があるのか（多様な考え）
（4）どんな意味や価値があるのか（理解）
（5）学びをどう生かすのか（新たな価値観）

　これらの5つの主な板書の機能を働かせることで、学級全体で道徳的課題を共有し、話し合いを深め、道徳的価値理解、自己理解、他者理解、人間理解を個々に深め、子どもたちが自分なりの新たな道徳的価値観を見いだしていくようにすることが大切である。

3 板書をする上での留意点

　板書をする上で教師は、以下の点に留意したい。

・本授業で何を考えるのか目的が分かる。
・文字が見やすく、考えが類型化されて簡潔に示されている。
・文字や文章や写真から感じたことや、自分や相手の内面の見えない心が可視化されている。
・思考の流れや、一番考えたい部分が分かる。
・授業前と授業後の自分達の変容を捉えることができる。
・初めに貼り物ありきのレールに乗った授業ではなく、子どもの考えをもとに教師と子どもが共に

授業をつくっている。
・さらなる課題や疑問が、子どもの側から自ずと出てくる。

　教師は、子どもたちの意見を板書しながら、ねらいに照らして子どもたちの思考の流れを注意深く捉えつつ、授業の中で補充・深化・統合を適切に図っていくことが大切である。

4 授業に取り入れたい板書例

　少し前まで、道徳の授業の板書は、黒板の右から左に縦書きで、時系列、あるいは発問順に書いていくのが一般的であった。
　しかし、新たな指導観の下では、黒板全体を一つの思考ツールと見なして、分かりやすく区切ったり、表に整理したり、類型化させたり、対立させたり、収束させたりして、子どもたちが主体となって協働しながら、考えを広げたり、深めたりできる板書が工夫されるようになってきた。以下では、効果的な板書の一部を紹介する。

○二項対立型の葛藤教材では
　自分の立場がどちらなのかをネームプレート等で黒板に貼り、その後、それぞれの立場から理由を述べていく二項対立型の授業では、
　黒板を左右に分けて、双方の意見を書き、オープンエンドのままおわる授業もある。しかし、そこから一歩踏み込んで、フローチャート式に子どもの意見を板書で整理し、そこに共通するものに気づかせ、何を考えることが大事なのかを見いだしていけるような板書も効果的である。

○正直・誠実の授業では
　正直や誠実がよいことであることを、子どもたちは重々知っている。
　しかし、人間の弱さからそう単純ではないという実態に気づかせるために、揺らぐ気持ちを黒板にシーソー直線で示したり、もやもやする気持ちを灰色の雲で示したりして子どもの本音に迫り、さらに、その揺らぎを断ち切るために何が大切なのかを考えさせていく授業も効果的である。

○生命尊重の授業では
　生命の大切さを自分に照らして実感していけるように、教材をもとに考えた後に、自分の生命を見つめ、その成長を実感できような活動を取り入れ、自分と関連付けて考えられるよう、自分たちの成長の写真や命のつながり図などを黒板に掲示して、自分事として捉えさせていく授業も効果的である。

○信頼・友情・思いやりの授業では
　双方の思いが捉えやすくなるように黒板を左右や上下に分け、その間に場面絵を掲示して双方が互いに思う心や対立する心を可視化し、それぞれの気持ちを矢印等で示すことで、互いの心がよりつながるためには、何が大切なのかを考えさせる板書も効果的である。

○規則の尊重の授業では
　きまりと知りながら、自分勝手な都合や解釈によってゆがめてしまう人間の弱さや、きまりは守ることに意義があることに気づかせていく授業では、黒板の中央に「私」を掲示して、その周りにさま

ざまな人の考えを書き入れ、集団や社会の中の一員としての自分を意識させていく板書も効果的である。

おわりに

　板書は、教師が意図するねらいと、子どもたちの考えが噛み合っているかが一目瞭然に分かるとても重要なものである。教師の思いだけが一人歩きするとき、子どもの思考は狭いものとなる。また、子どもの思いだけが一人歩きするとき、それは意見の羅列となり、個々の内面に新たな道徳的価値は生まれてこない。

　したがって、教師は発問を吟味するとともに、子どもが自ずと考えたくなる、もっと話し合いたくなる、もっと深めたくなるような魅力的な板書づくりに常に真摯に努めたい。

3

第3学年の
道徳・全時間の板書

3年

教材名
よわむし太郎

出典：光村、廣あ、学図、教出、日文（4年）

A 1 善悪の判断、自律、自由と責任 ｜ 主題名 **自信をもって正しいことを**

---

1 ねらい

正しいと思ったことは自信をもってやり抜こうとする心情を育てる。

2 教材の概要

普段は、「弱虫太郎」とからかわれても、子どものことだからと笑って許す太郎が、ある日、子どもが大切に育てている鳥を狩ろうとした殿様に出会う。鳥めがけて弓を構える殿様の前に、太郎は立ちはだかり、涙ながらに鳥を助けてくれるように訴えた。やがて殿様は、ゆっくりと弓を下ろし、城へと帰った。それ以来、だれも太郎のことを弱虫太郎とは呼ばなくなった。

3 教材を生かすポイント

○ 殿様の権力の大きさは、現代の児童には理解が難しいかもしれないので、この時代の殿様は、決して逆らうことができない存在であったという補足説明をしておく。

○ 子どもたちが大切に世話をしている鳥を権力にものを言わせて弓で射ようとする殿様に対して、それは、よくないことと判断し、殿様を制する太郎の思いに深く迫るため、児童が太郎役、教師が殿様役で役割演技を行う。

4 本授業の展開

学習活動と主な発問等	●指導の手立て ◆板書の工夫
1 正しいと思ったことをやり抜くことについて、自己を振り返り課題意識をもつ。	● 正しいと思ったことができた自分、できなかった自分について想起し、正しいと思ったことをやり抜く自分になりたいという思いをもてるようにする。
正しいと思ったことをやりぬくために大切なことを考えよう	
2 教材「よわむし太郎」を読み話し合う。 **Q1** 太郎はなぜ、殿様を止めようと思ったのだろう。 **2-1** **Q2** 殿様にどくように言われたとき、太郎はどんなことを考えていたのだろう。 **2-2** **Q3** 殿様はなぜ、鳥を打つことをやめたのだろう。 **2-3** **3** 正しいことをやり抜くために大切なことをまとめる。	● 太郎の判断の根拠を話し合うことで、太郎の判断の正しさを共通理解する。 ● 児童が太郎、教師が殿様になって、殿様を止める場面を役割演技することで、恐怖に負けず、正しいことをやり抜いた太郎の思いを深く考えやすくする。 ◆ 太郎の多様な思いがわかるように構造的に板書する。 ● 太郎の生き方から捉えた正しいことをやり抜くために大切なことをまとめる。
4 価値に照らして自己を振り返る。	● これからの自己の生き方を見つめ話し合う。

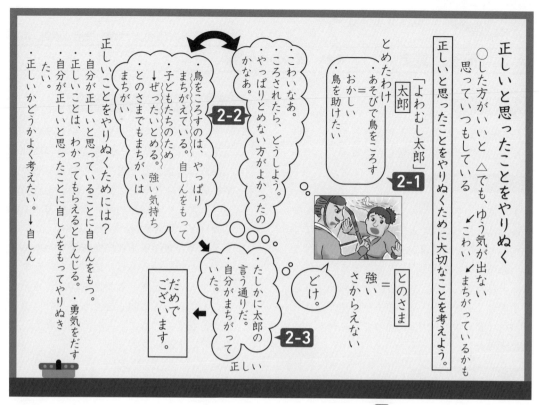

正しいと思ったことをやりぬく

○した方がいいと△でも、ゆう気が出ない思っていつもしている

正しいと思ったことをやりぬくために大切なことを考えよう。

「よわむし太郎」 2-1

太郎

とめたわけ
・あそびで鳥をころす＝おかしい
・鳥を助けたい

・こわいなあ。
・ころされたら、どうしよう。
・やっぱりとめない方がよかったのかなあ。

2-2

・鳥をころすのは、やっぱりまちがえている。自しんをもって
→子どもたちのため→ぜったいとめる。強い気持ち
・とのさまでもまちがいはまちがい

正しいことをやりぬくためには？
・自分が正しいと思っていることに自しんをもつ。
・正しいことは、わかってもらえるとしんじる。
・自分が正しいと思ったことに自しんをもってやりぬきたい。
・正しいかどうかよく考えたい。→自しん

とのさま ＝ 強い さからえない

どけ。

どけ。

2-3
・たしかに太郎の言う通りだ。
・自分がまちがっていた。

だめでございます。

正しい

<hr>

3

Q2では、判断が揺らぎそうになる気持ちと、自分の判断を信じようとする太郎の葛藤する気持ちを深く捉えさせ、わかりやすく板書する。

2

Q1では、この時代の殿様の権力の大きさを説明し、板書しておくことで、自分より力の強い人には逆らいにくいという点に共感させながら考えさせていく。

1

導入では、価値に照らして普段の自分の行動を見つめさせ、した方がいいと思いつつもなかなかできない実態を捉え、課題意識をもたせる。

準備するもの

○ ワークシート
🔘 3 –01– 1
○ 太郎が殿様の前に立ちはだかっている場面絵
🔘 3 –01– 2

板書を生かして盛り上げる工夫

○ 殿様に「どけ」と言われて、判断が揺らぎそうになった太郎の気持ちを自分の判断を信じようとする気持ちと対比させて板書することで、葛藤しながらも自分の判断を信じた太郎の気持ちに気付きやすくする。

評価のポイント

○ 自分が正しいと思っていることでも、その場の状況や自分の立場等によって、実行できにくい気持ちになることがあるという人間の弱さにも目を向けて、多面的・多角的に考えている。
○ 役割演技を見て感じたことを、いろいろな友達と伝え合いながら、正しいことをやり抜くために大切なことについて考えを深めている。
○ 道徳ノートへの記述・発言内容・話合いへの参加の仕方によって評価する。

教材名
ぬれた本

出典：東書、光村、学図、廣あ

| A2　正直、誠実 | 主題名　**真心からの行い** |

1　ねらい

過ちを素直に反省し、正直に真心をもって明るく生活しようとする心情を育てる。

2　教材の概要

家が貧しく学校をやめて働かなければならなかったリンカーンは、近所の家から本を借りて勉強していた。ある夜ひどい嵐になり、雨漏りのため借りていた本を濡らしてしまう。葛藤の末、翌日謝りに行き、おわびに三日間畑仕事を一生懸命に手伝った。畑仕事をやり遂げたリンカーンは本を譲られ大人になっても忘れることはなかった。

3　教材を生かすポイント

○ 許された後もおわびの気持ちをもって真心を尽くすリンカーンの行動は、過ちに対して謝れば解決したと思いがちなこの期の児童に驚きと疑問を与えるだろう。「正直」から「誠実」へと道徳的価値理解を広げていく教材として効果的に活用したい。

○ アメリカ合衆国第16代大統領リンカーンにまつわる教材である。彼がぬらした本もまた偉人の伝記だったことを終末で紹介することで、先達に関心をもち、その信念や生き方を学んでみようという意欲をもたせるようにする。

4　本授業の展開

学習活動と主な発問等	●指導の手立て　◆板書の工夫
1 アンケートの結果を見て話し合う。	● 事前に、「友達から借りた本をぬらしたらどうするか」と言うアンケートを行い、結果を提示して教材へつなぐ。
2 教材「ぬれた本」を読んで話し合う。 **2-1**	● 教材文にあるリンカーンの生い立ちを簡単に説明してから範読する。
あやまちをしてしまった時に大切なことはどんなことだろう	
Q1 ぬれた本を見て、リンカーンはどんな気持ちになっただろうか。 **2-2** **Q2** 「働かなくていい」と言われたのに畑仕事をしたリンカーンは、どんなことを考えていたのだろうか。 **2-3** **3** リンカーンの姿から、どのようなことが大切だと思ったか。 **3**	◆ アンケート結果を左側に、教材文での話し合いを右側に板書することで、比較しながら考えられるようにする。 ● 自分たちもリンカーンも、詫びる方法を考えていることを確かめる。 ● 許されても償おうとする経験は少ないと思われるので、心情を多様に考えさせるためにグループで話し合わせる。 ● 個々の考えを否定せずに板書する。
4 教師の説話を聞く。	● リンカーンがぬらした本は、正直に生きたワシントンの伝記だったことを話し、価値を感得する。

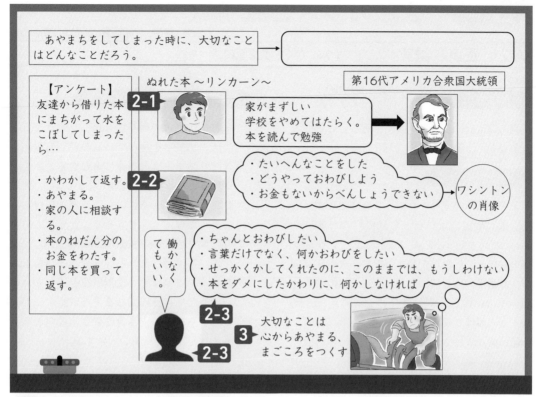

1

導入では、アンケート結果を左側に掲示する。少年期の肖像画と家庭状況を示してから範読し、その後に大統領時代の肖像画を貼り、矢印で結ぶ。

2

Q1 では、ぬれた本のイラストを提示し、児童の発言を板書していく。終末では、この本がアメリカ合衆国初代大統領ワシントンの伝記だったことを告げ、先達の生き方に関心を持たせる。

3

Q2 では、シルエットの人物に「働かなくてもいい」という吹き出しを貼った後、畑仕事をするリンカーンの場面絵を提示する。グループで考えを交流し合った後、発言を取り上げて板書する。

準備するもの

○ ワークシート
　　💿 3 -02- 1
○ アンケート結果のまとめ
○ 肖像画・場面絵
　　💿 3 -02- 2 ～ 6

板書を生かして盛り上げる工夫

○ 「貧しい少年が大統領になった」「『ぬれた本』が『ワシントン伝記』だった」ことを印象付けるため、横書きの板書構成とする。
○ テーマの右側に、児童が自分なりに考えたテーマの答えを書くスペースを設ける。

評価のポイント

○ 畑仕事をしたリンカーンの心情について、友達と考えを交流しながら、多面的・多角的に捉えている。
○ 全体のアンケート結果や自分の回答と、リンカーンの気持ちや行いを比べ、過ちを素直に認めて誠実に行動することのよさや大切さに気付いている。
○ グループの話し合い・発言・ワークシート（個人）により評価する。

教材名

まどガラスと魚

出典：学研、学図、教出、日文、あかつき

Ａ２ 　正直、誠実	主題名 　かくさず正直に

1 　ねらい

　過ちは素直に認め、正直に、明るい心で生活しようとする態度を養う。

2 　教材の概要

　よその家の窓ガラスを割って逃げてしまった進一郎。翌日、気になって見に行った進一郎は、「ガラスをわったのはだれだ」という貼り紙を目にし、いたたまれなくなる。次の日の夕方、おかずの魚を猫にとられた進一郎の家に、飼い主の山田さんがお詫びにやってきた。翌日、進一郎はガラスを割ったことを母に告げ、一緒に謝りに行き許してもらう。

3 　教材を生かすポイント

○ 本教材は児童の周りでも起こりそうな日常生活の出来事を扱っているので、児童が自分の経験を主人公の姿に重ねて考えを深められるような手立てを講じたい。

○ 隠し事をしていた主人公が正直に告白するに至った理由を考えさせることで、山田さんの誠実さに着目させ、ねらいに迫る。

○ 「お詫びに行った」という表面的な結末で終わるのではなく、役割演技を通して、相手に対して自分の過ちを正直に話すことの難しさや誠実に向き合うことの大切さを実感として捉えさせるようにする。

4 　本授業の展開

学習活動と主な発問等	● 指導の手立て　◆ 板書の工夫
1 どうして嘘をついたり隠し事をしたりするのか、その理由を話し合う。	● 児童の生活にありがちな嘘や隠し事の例をいくつか示してその理由を想像させ、課題意識をいだかせる。
うそやかくしごとは、どうしていけないのか考えよう。	
2 教材「まどガラスと魚」を読み、隠し事をした進一郎について話し合う。	● 範読後、「進一郎の嘘や隠し事はどんなことだったのか」と問い、道徳的問題を明らかにして共有する。
Q1 何度も窓を見に行った進一郎は、どんな気持ちだったのだろうか。 **2-1**	● イラストと吹き出しを用いたワークシートで、進一郎の心情に共感させる。
Q2 母にガラスを割ったことを話したのは、どんなことを考えたからだろうか。 **2-2**	◆ 葛藤する進一郎の心情を対比させて板書し、心のスケールが動いた心情の変化を考えさせる。
Q3 進一郎は、どのように謝ったのだろうか。 **2-3**	● 役割演技により、相手に対してどう誠実に向き合えばいいのか考えさせる。
3 嘘や隠し事をしないで正直に行動できたことを振り返り、発表し合う。	● 正直に行動した時の心や気持ちに着目させ、価値を感得させる。
4 学習テーマについて、自分なりの考えをもつ。	◆ 各々の考えを発表させて板書し、多面的・多角的に考えを深めさせる。

「まどガラスと魚」

うそやかくしごとは、どうしていけないのか考えよう

うそ
かくしごと

もうおそいだろうな
すごくおこっているそうでこわいな
しかられなくないな
べんしょうとか、むりだ

ガラスを
わったのは
だれだ？

2-1

あやまりたい
おこっているだろうな
こまっているだろうな
わるいことしたのに……

ちゃんとおわびしてえらいな
正直にいえていいな
取られたこっちもスッキリする

うそ
かくしごと

ずっと気になる
自分がつらくなる
相手もいやな気もち

正直

2-3

あやまりたい　　　　あやまれない

2-2

3	2	1
Q3 では、進一郎のシルエットと吹き出しを貼り、相手にどう向き合うか考えさせる。観衆児童の考えも活用し、誠実に行動する清々しさを実感させる。	**Q2** では、翌朝母に告白したことから、山田さんの姿を通して心のスケールが「あやまりたい」に動いていったことを深く捉えさせる。	**Q1** では、「ガラスをわったのはだれだ」という紙と進一郎の顔を中央に提示し、進一郎の「謝りたい」思いと「謝れない」思いを左右に整理して書き、心のスケールを貼る。

が表れるよう、挿絵を効果的に配置する。

準備するもの

○ ワークシート
　💿 3 –03– 1
○ 「ガラスをわったのはだれだ！」の紙
○ 心のスケール
○ 顔のシルエット、場面絵
　💿 3 –03– 2 〜 5

板書を生かして盛り上げる工夫

○ 「ガラスをわったのはだれだ！」の左右に「謝りたい」思いと「謝れない」思いを分けて書くことで葛藤を表現し、思い悩む心情を心のスケールで可視化する。
○ 板書下方には、進一郎の心情の移り変わり

評価のポイント

○ 謝りたいけれど謝ることもできず、気になって毎日現場を見に行く進一郎の心の葛藤を、様々な視点から考えている。
○ お詫びに行く役割演技や自分の振り返りを通して、正直に行動することの大切さや、誠実に行動することのよさについて考えている。
○ ワークシート（各自）、役割演技での発言（代表児童・観衆児童）を参考にする。

3年 教材名 金色の魚

出典：学研、学図、光村、廣あ、日文（4年）

A3 節度、節制　　主題名 度を過ごさずに

1 ねらい

度を過ごすことなく、節度ある生活をしようとする心情を育てる。

2 教材の概要

漁師のおじいさんは、あみにかかった金色の魚から「逃がしてくれたらお礼に何でもあげる」と言われたが、何も受け取らずに魚を逃がす。

それを聞いたおばあさんは、お礼を受け取らなかったことを責め、おけを要求する。おばあさんの要求はさらに大きくなり、「女王になって金色の魚を家来にしたい」と要求をする。すると、元のそまつな小屋に戻ってしまう。

3 教材を生かすポイント

○ 民話をもとにした教材なので、場面絵を見せながら紙芝居形式で教材提示し、教材の世界に入りやすくする。

○ おばあさんの要求が大きくなるに従って海が荒れることから、膨れ上がる欲望とそれを受け止める魚の気持ちを視覚的に捉えさせる。

○ 範読では、おばあさんは要求がエスカレートしていく様子を捉え、欲には、不満をもち続けたまま限りがないことに気付かせていく。

4 本授業の展開

学習活動と主な発問等	●指導の手立て　◆板書の工夫
1 どんな時、相手のことをわがままだと思いますか？	● わがままだと思った出来事について発表し、道徳的価値についての方向付けをする。
2 教材「金色の魚」を読んで話し合う。	◆ 紙芝居形式で場面絵を見せながら教材提示をする。
わがままについて考えよう	
Q1 次々と願いが叶うとき、おばあさんはどんな気持ちだったと思うか。 2-1 **Q2** 次々と願い事をされたとき、金色の魚はどんな気持ちだったと思うか。 2-2 **Q3** すべてが消えた小屋の中で、おばあさんはどんなことを考えたと思うか。 2-3 **3** わがままとは、どのようなことだろう。それを抑えるには、何が大事なのだろう。	◆ 波の変化で肥大化した欲望と受け止める魚の気持ちを象徴的に示す。 ◆ わがままをする側とそれを受ける側の気持ちを黒板に上下に示す。両者を対比させ、違いを明確にする。 ● 場面絵とワークシートを活用して、わがままの結果について考えさせる。 ● 自分のわがままをどのように考えて抑えたのか、その結果どうだったかを思い起こさせる。
4 教師の体験談を聞く。	● わがままをして失敗した体験談とわがままを改めてよかった体験談を話す。

板書

金色の魚

おばあさん

金色の魚

2-1
・こんなものでは
　足りない
・もっとほしい
・こんな小さな
　願いでは満足
　できない
・ずっと言うこと
　をきかせたい

2-2
・いつになった
　ら満足するの
　だろう
・よくばりだ
・いい加減に
　してほしい
・家来にして
　ずっとこんな
　命令をする
　つもりなのか
・つき合いきれ
　ない

2-3
・よくばらなければよかった
・調子にのりすぎた
・一度も感謝しなかった
・いやな思いをさせた
・とちゅうでやめるべきだった

3

Q3 では、最後におばあさんはどんなことを考えたのかを左端に書き、わがままを抑えるために大切なことについて考えていく。

2

Q2 では、おばあさんの要求を受けて、金色の魚がどのような気持ちになったかを、下段に書く。上段のおばあさんの気持ちと並べて、気持ちの違いを対比させる。

1

Q1 では、場面絵を貼り、おばあさんの欲望が膨れ上がる様子を提示する。それに合わせるように、下段に魚の気持ちを象徴する波を描いていく。

準備するもの

○ ワークシート
　🖸 3 -04- 1
○ 場面絵
　🖸 3 -04- 2 ～ 8

板書を生かして盛り上げる工夫

○ おばあさんが欲望を膨らませ、自分勝手な要求をし続ける一方で、金色の魚は非常に不快な思いを強くしていることを波で明らかになる板書にする。
○ おばあさんの欲望が限りなくふくらんでいく様子をおさえる。

評価のポイント

○ おばあさんの要求に対する、金の魚の気持ちを多様に考えている。
○ なぜ、わがままはおさえる必要があるのかについて考えている。
○ 発言、ワークシートの記述を参考に評価する。

世界一うつくしい体そうをめざして―内村航平―

出典：光文

A 4　個性の伸長　主題名　**自分らしさを生かして**

1　ねらい

　自分の特徴に気付き、自分らしく長所を伸ばしていこうとする態度を養う。

2　教材の概要

　ロンドンオリンピックで難しい技を成功させて金メダルを獲得した内村航平選手。
　内村選手は、体操の動きをイメージすることが得意だった。ぬいぐるみや絵によって体操の動きを具体的にイメージし、それを思い出しながら練習した。好きなこと、得意なことを生かしてみがいていくこと。それが内村選手が世界一になれた秘密である。

3　教材を生かすポイント

○ ロンドンオリンピックの内村航平選手の跳馬の演技は、インターネットで動画が公開されている。教材提示のあと、実際の演技を動画で見ると、その美しさを理解しやすい。
○ 教材にある「小学校のときに書いたノート」の挿絵を用いて、誰でもこの方法を真似すれば、みんな世界一になれるのか問いかけることで、自分の特徴に合った方法で頑張ることが自分の力を伸ばすことになるということに気付きやすくする。

4　本授業の展開

学習活動と主な発問等	● 指導の手立て　◆ 板書の工夫
1 自分の好きなこと、得意なことを出し合い、自分についての関心を高める。	● 好きなことや得意なことが言い出せない児童には、無理に言わせようとせず、今はわからないと受け止める。
自分のよさをのばすために 大切なことを考えよう	
2 教材「世界一うつくしい体そうをめざして」を読んで話し合う。 **Q1** 内村選手の好きなことや得意なことは何だっただろうか。 **2-1** **Q2** 内村選手が世界一美しいと言われる体操ができるようになったのはなぜだろう。 **2-2** **3** 好きなこと、得意なことを伸ばすために大切なことをまとめる。	● 内村選手の好きなことや得意なことを共通理解することで、自分の特徴を生かすことへ目を向けやすくする。 ● 体操が上達した理由を、心情の面からだけでなく、特徴を生かしたという点からも考えていく。 ◆ 内村選手の練習の仕方を、好きなことや得意なことと線でつないで板書し、関係性をわかりやすくする。
4 自分のよさについて考え、それをどのように伸ばしていきたいか、自己の生き方を考える。	● 自分のよさを伸ばす、自分に合った方法について「自分のばしマップ」で、考えさせる。

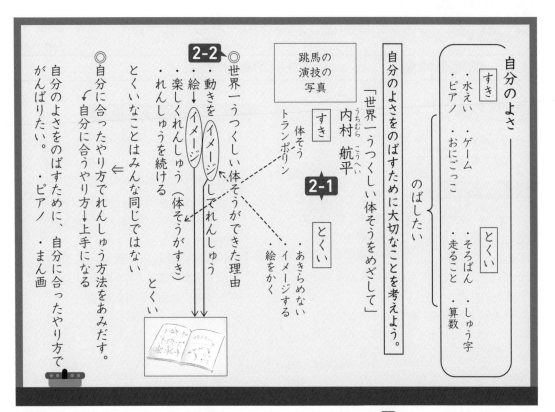

自分のよさ

すき
・水えい　・ゲーム
・ピアノ　・おにごっこ

とくい
・そろばん　・しゅう字
・走ること　・算数

のばしたい

自分のよさをのばすために大切なことを考えよう。

「世界一うつくしい体そうをめざして」

内村　航平
うちむら　こうへい

跳馬の
演技の
写真

2-1

すき
体そう
トランポリン

とくい
・あきらめない
・イメージする
・絵をかく

2-2

◎世界一うつくしい体そうができた理由

・動きをイメージしてれんしゅう

・絵→イメージ

・楽しくれんしゅう（体そうがすき）

・れんしゅうを続ける

　　　　　　　とくい

とくいなことはみんな同じではない

◎自分に合ったやり方でれんしゅう方法をあみだす。

　↓自分に合うやり方→上手になる

・自分に合ったやり方でれんしゅう→上手になる

自分のよさをのばすために、自分に合ったやり方でがんばりたい。
・ピアノ
・まん画

3

Q2 で出された理由を、好きなこと、得意なことと線で結んでいくことで、自分の特徴を生かして自分のよさを伸ばしたことに気付きやすくする。

2

Q1 では、導入で自分を見つめたのと同じ問い方で、内村選手の好きなことと得意なことを問う。自分と並べて見られるように、導入と同じような構成で板書する。

1

導入では、まず各自で自分の好きなこと、得意なことを道徳ノートに記入する。それを発表し合い板書した後、どちらも「自分のよさ」だと押さえる。

準備するもの

○ ワークシート
　　💿 3 -05- 1
○ 内村選手の写真・体操の動きを絵にしたノートの写真
○ 2012年のロンドンオリンピックの内村選手の跳馬の演技の動画

板書を生かして盛り上げる工夫

○ 自分自身と内村選手の「好きなこと」「得意なこと」を同じ構造で板書することで、内村選手と同じように自分の特徴を生かして、よさを伸ばしていこうと考えやすくする。

評価のポイント

○ 自分のよさを伸ばすために大切なことを、教材や友達の発言から、多面的・多角的に考えている。
○ 自分の特徴に目を向けながら、自分のよさを伸ばしていきたいという思いをもって、これからの自己の生き方について考えている。
○ 道徳ノートへの記述・発言内容・話合いへの参加の仕方によって評価する。

3年 教材名 鬼太郎をかいたゲゲさん

出典：学研

A4 個性の伸長	主題名 自分らしさを生かす

1 ねらい

自分の特徴について考え、長所を伸ばしていこうとする心情を育てる。

2 教材の概要

「ゲゲゲの鬼太郎」の作者、水木しげるさんは、小さい頃から絵を描くことが好きだった。毎日油絵を描き続け、小学生で個展を開くほどだった。大人になっても、絵の勉強を続けたが、なかなか売れず、生活は苦しかった。43歳で「児童まんが賞」をもらうことになり、「ゲゲゲの鬼太郎」がテレビアニメとして放送されることになった。

3 教材を生かすポイント

○ テレビアニメ「ゲゲゲの鬼太郎」の作者、水木しげるさんについての教材である。児童にとっては、馴染みのあるテレビアニメであるため、教科書の挿絵やアニメ動画を活用することで、教材への関心をより高めたい。

○ いくつもの挫折を体験し、そうした中にあっても自分の好きな道を続けたことで道が開けたことをとらえさせたい。

4 本授業の展開

学習活動と主な発問等	●指導の手立て ◆板書の工夫
1 『ゲゲゲの鬼太郎』の作者、水木しげるさんについて知る。	●教科書の挿絵やアニメ動画を活用することで、教材への関心を高めさせる。
2 教材「鬼太郎をかいたゲゲさん」を読んで話し合う。	
自分のよさについて考えよう。	
Q1 個展が大成功したとき、水木さんはどんな気持ちだったでしょう。**2-1**	●個展を開くことができた水木さんのうれしい気持ちに共感させる。
Q2 いくら漫画を描いても売れなかったとき、水木さんはどんな気持ちだったでしょう。**2-2**	●成功だけでなく挫折も味わった水木さんの気持ちに共感させる。
Q3 『ゲゲゲの鬼太郎』がテレビアニメで放送されることになったとき、水木さんはどんな気持ちだったでしょう。**2-3** **3** 自分のよいところを考える。	●得意なことが生涯の仕事につながった水木さんの気持ちを考えさせる。
4 教師の説話を聞く。	●教師自身の体験談を話す。

「鬼太郎をかいたゲゲさん」

自分のよさについて考えよう

鬼太郎の絵

水木さんの写真

2-1 個展が大成功した。

個展の場面絵
- ・個展が開けてうれしい。
- ・絵をがんばってかき続けてよかった。
- ・これからも、大好きな絵をかき続けよう。

2-2 いくら漫画をかいても売れない。

電気が切られてしまった場面絵
- ・もう、絵をかくことはやめよう。
- ・苦労しても、絵の勉強は続けたい。
- ・大好きな絵の仕事で成功するんだ。

2-3 『ゲゲゲの鬼太郎』テレビアニメに！

『ゲゲゲの鬼太郎』のアニメの絵
- ・あきらめないでよかった。
- ・絵をかき続けてきてよかった。
- ・自分の得意なことが仕事に生かせて、うれしい。

みんなのよいところ

3 Q3 では、『ゲゲゲの鬼太郎』のアニメの一場面を活用して、自分の得意なことが生涯の仕事につながったことに対する水木さんの気持ちを、深く考えさせる。

2 Q2 では、場面絵を活用して、小学生で個展を開くことができたところから一転、電気代が払えなくなるほど生活が苦しくなった挫折感を捉えさせる。

1 Q1 では、個展の場面絵を活用して、小学生で個展を開くことができた、水木さんのうれしい気持ちに共感させる。

準備するもの・作り方

○ 場面絵、アニメ『ゲゲゲの鬼太郎』の絵、水木しげるさんの写真
○ ワークシート
　 3-06-1

板書を盛り上げる工夫

○ 自分のよいところについて自分が書いたワークシートをはる。授業終了後は、掲示板等にそのまま掲示し、みんなが書き込めるようにする。

評価のポイント

○ 長年の努力が認められた水木さんの姿を通して、自分の得意なことが、生涯の仕事になったことをとらえている。
○ 自分のよいところを見つけ、それを大切にして伸ばしていこうとする気持ちを高めている。
○ 発言・ワークシートにより評価する。

3年 ソフトボールで金メダルを―上野由岐子―

出典：学研

A5 希望と勇気、努力と強い意志 　主題名 **目標に向かって**

1　ねらい

自分の目標に向かって努力を続けることの大切さに気づき、粘り強くやり抜こうとする心情を育てる。

2　教材の概要

平成20（2008）年の北京オリンピックで、ソフトボールのピッチャーとして活躍し、金メダルを獲得した上野由岐子選手。小学校3年生のときに、少年ソフトボールを始め、ピッチャーを目指すようになる。ところが、高校生のときに、腰の骨を折るけがをし、自分を支える多くの人に気付き、自分のためではなく、チームのために投げたいと思うようになる。東京オリンピックを目指し、今も一生懸命ボールを投げ続けている。

3　教材を生かすポイント

○ 東京オリンピック・パラリンピックと関連して、児童が関心を高めながら取り組める教材である。映像や写真を活用することでより道徳的価値を実感させていきたい。

4　本授業の展開

学習活動と主な発問等	●指導の手立て　◆板書の工夫
1 今、自分ががんばっていることを、学級全体で共有する。 **2** ソフトボールの上野由岐子選手について知る。	●自分ががんばっていることについて、事前にアンケートをとっておく。 ◆上野選手の写真を、教材名とともに掲示する。
3 教材「ソフトボールで金メダルを　上野由岐子」を読んで話し合う。 　**目標をもって努力することの大切さについて、考えよう。** **Q1** 小学生の上野選手は、どんな思いから、投球練習をしたり、走ったりしていたのでしょう。**2-1** **Q2** 大けがをして入院したとき、上野選手はどんなことを考えたでしょう。**2-2** **Q3** どんな思いで決勝戦で、最後まで1人で投げ切ったのか。**2-3** **4** 事前アンケートで聞いた、自分ががんばっていることを達成するために、どのような努力が必要かについて考える。	●ピッチャーをやってみたい一心で、練習に取り組む上野選手の思いに共感させる。 ●人間としての弱い一面と、周りの支えに気付き、がんばろうとする強い一面を捉えさせる。 ◆強い一面、弱い一面に分けて板書する。 ●目標をもち、粘り強く努力し続けてきた、上野選手の姿に気付かせる。
5 教師の説話を聞く。	●目標をもち、最後まで粘り強く取り組んだ教師自身の体験について話す。

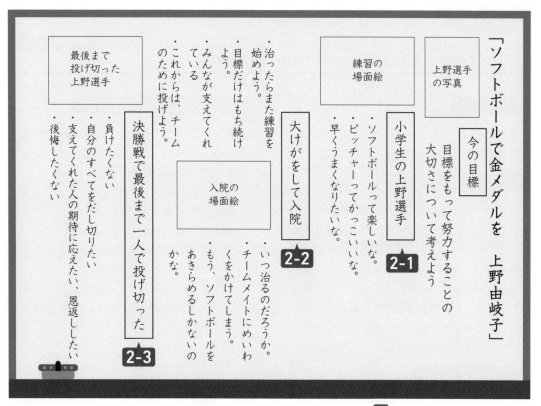

「ソフトボールで金メダルを　上野 由岐子」

今の目標

目標をもって努力することの
大切さについて考えよう

上野選手の写真

練習の場面絵

小学生の上野選手 **2-1**

・ソフトボールって楽しいな。
・ピッチャーってかっこいいな。
・早くうまくなりたいな。

大けがをして入院 **2-2**

入院の場面絵

・いつ治るのだろうか。
・チームメイトにめいわくをかけてしまう。
・もう、ソフトボールをあきらめるしかないのかな。

・治ったらまた練習を始めよう。
・目標だけはもち続けよう。
・みんなが支えてくれている。
・これからは、チームのために投げよう。

決勝戦で最後まで一人で投げ切った **2-3**

最後まで投げ切った上野選手

・負けたくない
・自分のすべてをだし切りたい
・支えてくれた人の期待に応えたい、恩返ししたい
・後悔したくない

3

Q3 では、上野選手の表情がよく分かる写真を活用して、決勝戦で、疲れているのに最後まで1人で投げ切った上野選手の思いについて深く考えさせる。

2

Q2 では、入院したときの上野選手の心の葛藤を分かりやすくするために、くじけそうになる弱い気持ちと目標に向かおうとする気持ちを考えさせる。

1

Q1 では、小学校の時の上野選手の様子を捉えさせ、上野選手の思いに共感させる。

準備するもの・作り方

○ ワークシート
　　💿 3-07-1
○ 場面絵
○ 上野由岐子選手の写真・映像

板書を盛り上げる工夫

○ 中心発問の場面絵を、黒板の中央に掲示し、場面絵の上下に上野選手のゆれ動く気持ちを整理して板書する。

評価のポイント

○ 上野選手の思いについて考え、目標達成に向けて粘り強く努力することの大切さについて考えている。
○ 自己を振り返り、目標を達成させるためには何が必要かについて、考えている。
○ 発言・ワークシートにより評価する。

3年 きっとできる─高橋尚子─

出典：廣あ

A5 希望と勇気、努力と強い意志 | 主題名 **自分へのちょうせん**

1 ねらい

　自分の決めた目標に向かい強い意志をもって粘り強くやりとげようとする心情を育てる。

2 教材の概要

　子供のころから走ることが大好きだった高橋尚子選手は、人とではなく、自分の記録と戦うのだという意識をもち、毎日頑張れば手が届く小さな目標を立てて、それを達成していくように努力を積み重ねてきた。昨日の自分の記録を自分で破るという自分への挑戦を続け、ついにシドニーオリンピックで日本人女性初のマラソンでの金メダルを獲得した。

3 教材を生かすポイント

○ シドニーオリンピックの時の高橋尚子選手のインタビュー動画がインターネットで公開されている。「すごく楽しい42kmでした」という高橋尚子選手の言葉を聞かせることで、走ることが好きだったという教材の記述をより強く印象付けることができる。

○ 事前に普段から自分が努力していることを見つめなおし、その努力についての自分の思いを1、2週間ほど記録カードなどにまとめておく活動を取り入れると、自分の目標に向けて続けて努力する思いを深く考えることができる。

4 本授業の展開

学習活動と主な発問等	●指導の手立て　◆板書の工夫
1 自分の目標に対する努力の仕方や思いを振り返り、課題意識をもつ。	●記録カードを見直して、自分の姿を振り返り、道徳的価値に対する方向付けをする。
努力を続けられる自分になるために大切なことを考えよう	
2 教材「きっとできる」を読み話し合う。 **Q1** 高橋さんは、なぜ自分へ挑戦するという目標を立てたのだろう。 **2-1** **Q2** 自分への挑戦を続けながら、高橋さんはどんなことを考えていたのだろう。 **2-2** **3** 努力を続けるために大切なことをまとめる。	●高橋さんの思いと重ねて、努力を続けるうえでの自分の経験を想起させていく。 ◆努力を続ける高橋さんの思いを多様に引き出すことで、高橋さんが強くなっていったことに気付かせる。 ●シドニー五輪時のインタビュー動画を見せることで、高橋さんがずっと走ることが好きだったことがより強く感じられるようにする。
4 努力を続けることについて捉えた道徳的価値をもとに自己の生き方を振り返る。	●これまで自分の目標に向けて努力していく意識があったかを視点に振り返るようにする。

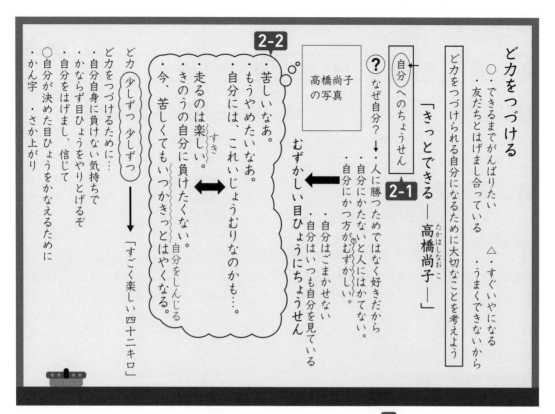

3

これまでの自分の努力の仕方や目標に向かう思いを改めて振り返り、今の自分に大切なことをペアで伝え合う。全体の場では、数名に発表させ、それを例として板書する。

2

Q2 では、前向きな気持ちと後ろ向きな気持ちに分けて板書することで、高橋尚子が苦しさや困難をのりこえていく姿を捉えさせ、苦しさや不屈の精神に気付くようにする。

1

Q1 では、「自分に挑戦」という3年生には難しい感覚について、児童の疑問も板書しながら、深く考えさせていくようにする。

準備するもの

○ ワークシート
　🎮 3 -08- 1
○ 掲示用の高橋尚子の写真
○ シドニーオリンピックでゴール後の高橋尚子のインタビュー動画

板書を生かして盛り上げる工夫

○ 子供の疑問も「?」マークで板書に位置付けることで、主体的に考えていきやすくする。
○ 自分の決めた目標に向かって努力する過程でいだく気持ちを共感的に考えさせていく。

評価のポイント

○ 高橋尚子が自分への挑戦だと考えて努力を続けた思いについて、グループの人と多様な視点から考えている。
○ 高橋尚子の思いを考えるときや、友達の発言を聞くときに、これまでの自分の努力への姿勢や思いを重ねながら、共感的に理解している。
○ 道徳ノートへの記述・発言内容・話合いへの参加の仕方によって評価する。

3年 教材名 拾ったりんご

出典：廣あ

B1　親切、思いやり　主題名　何気ない事でも相手を幸せに

1　ねらい

相手のことを思いやり、すすんで親切にしようとする態度を育てる。

2　教材の概要

タクちゃんは、新聞に「落としたりんごを拾ってくれた子どもたちの親切に、幸せな思いをかみしめました」というおばあさんの投書記事を見つける。確かに自分たちの事ではあるが、本当はおもしろそうと思って拾っただけで、よいことをしたとは思っていなかった。しかし、おばあさんがこんなにも喜んでくれたと知り、とても温かい気持ちになった。

3　教材を生かすポイント

○ 日頃相手の気持ちを考えて親切にしている子どもと、何気ない行為が結果的に親切となった主人公との違いを捉えさせることで、親切の大切さについて内外の視点から考えさせる。

○ 自分はそんなつもりではなかったのに、親切にしてもらったと思っているおばあさんの気持ちを知り、揺れる主人公の気持ちを感じ取らせる。その上で、親切は、相手も自分の心も温かくすることに気付かせる。

4　本授業の展開

学習活動と主な発問等	●指導の手立て　◆板書の工夫
1 親切にした経験を想起する。	● どうしてそうしようと思ったのか、その時の気持ちも振り返らせる。
親切について考えよう	
2 教材「拾ったりんご」を読み、話し合う。 **Q1** おばあさんは、りんごを拾ってもらった時、どんな気持ちだったでしょう。 2-1 **Q2** だんだん変な気持ちになってきたぼくは、どんなことを考えていたでしょう。 2-2 **Q3** ぼくは、どんな気持ちをかみしめたのでしょう。 2-3	●「おもしろそう」と思ってしたことが、親切になることもあると、あらすじを話し、教材に関心をもたせる。 ● 場面絵の表情にも注目させ、りんごを拾った時のぼくの気持ちを考えさせる。 ◆ ぼくの気持ちの揺れが分かるよう、左右に分けて板書する。
3 今日の学習で感じたことや学んだことを話し合う。	● 自分の考えを整理することができるよう、ワークシートに書く。
4 教師の思いを聞く。	● 元気なあいさつや笑顔など、何気ない事でも教師を幸せな気持ちにしていることを話す。

板書

親切にした時の気持ち

「拾ったりんご」
親切について考えよう。

2-1
・ありがとう
・うれしいな
・なんていい子
・みんなにも教えてあげたい

・こまっているだろうな
・かわいそうだな
・いたそうだな

・おもしろいな
・なんだこれ？
・きょうそうしよう
・楽しそう

へんな気持ち
2-2
・いいのかな
・いい事なんかしていない
・それなのに……

2-3
これでいいんだ
喜んでくれたからいい

いいことをしようと思っていない

3
Q3 では、ぼくがこのへんな気もちをどのように捉えたのかを深く考えさせていく。

2
Q2 では、場面絵のぼくたちに着目して気持ちを考えさせ、「いいことをしようと思ってやったわけではない」ことを押さえる。その上で変な気持ちになったぼくの気持ちを考えさせる。

1
Q1 では、場面絵を提示し、状況を確認する。その上で、おばあさんの顔の絵を貼り、りんごを拾ってもらった時のおばあさんの心情を考えさせる。

準備するもの・作り方

○ ワークシート
　💿 3-09-1
○ 登場人物の絵、場面絵
　💿 3-09-2〜4

板書を生かして盛り上げる工夫

○ りんごを拾ってもらった時のおばあさんの気持ちと、ぼくの気持ちの違いを矢印で比べ、視覚的に分かりやすく整理する。
○ 中心発問では、ぼくの気持ちを類型化しながら、深くほり下げていく。

評価のポイント

○ 相手のことを思いやってしたことではない、自分本位な行為でも、相手にとっては親切と思われた状況について考えることを通して、親切の価値について多面的・多角的に考えている。
○ 思いやりに基づく親切の大切さについて親切について考えている。
○ ワークシート（ノート）の記述内容・発言・つぶやき等で行う。記述や発言がなかった児童に対しては、個別に聞き取りをする。

3年 教材名 バスの中で

B1　親切、思いやり　｜ 主題名　相手のことを思いやる心

1　ねらい

　親切にできたときとそうでないときの気持ちの違いを考えることを通して、進んで親切な行いをしようとする態度を養う。

2　教材の概要

　わたしは祖父の家に行くためにバスに乗り、席に座ったが、だんだんバスは満員となった。そこへ一人のおばあさんが乗ってきた。わたしは、よろよろしながら立つおばあさんが気になるが、声をかけることができず悩み葛藤する。バスが大きくゆれた時わたしは、「ここへ座ってください」と席を譲ることができた。

3　教材を生かすポイント

○ 導入で、公共のバスの中の状況について想起させ、体験したことなどについて話し合わせる。
○ 心の中で「2人のわたし」が争っていることに焦点を当て、争う理由や、争いを決着させたものは何なのかを話し合わせ、相手を思いやる気持ちと親切な行いについて掘り下げていく。

4　本授業の展開

学習活動と主な発問等	●指導の手立て　◆板書の工夫
1 親切にしてもらった経験について交流する。	● 親切にしてもらった経験を交流することで、その時の気持ちを想起させる。 ● 公共のバスの中の写真を見せて状況を想起させ教材につなげる。
2 教材「バスの中で」を読んで話し合う。親切のよさについて考えよう。	◆ 場面絵を提示し、教材の内容が視覚的に捉えられるようにする。
<div align="center">**親切のよさについて考えよう**</div>	
Q1「わたし」は、どうしておばあさんのことが気になっているのだろう。 **Q2** 心の中で「2人のわたし」が争い始めるが、「わたし」の心の中はどんな気持ちなのだろう。 **2-1** **Q3**「わたし」はどんな思いでおばあさんに席を譲ったのだろう。	● おばあさんのことを心配する「わたし」の気持ちを想像させるだけでなく、周囲の人々の様子にも視線がいく「わたし」の姿から、おばあさんを助けたい気持ちが膨らんでいくことを押さえる。 ◆「2人のわたし」を、両極に直線で表し、その間で揺れ動く気持ちを視覚的に捉えられるようにする。 ● 揺れ動く「わたし」の気持ちを話し合わせる。
3 親切にしてよかったと思った経験について交流する。 **3**	● 悩んだ末にわたしが席をゆずったのは、なぜなのかを、深く考えさせていく。
4 親切のよさについて考える。	

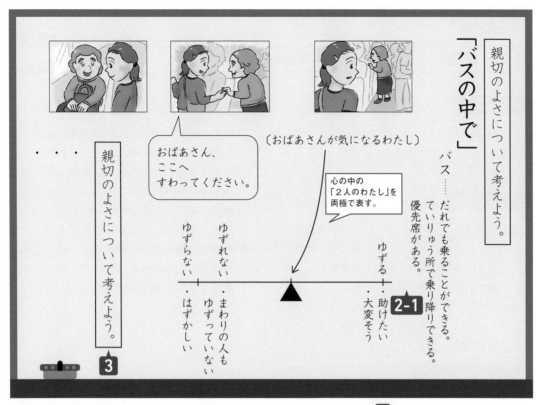

3

本時のテーマ「親切のよさについて考えよう」の短冊を移動し、教材を通し考えたことをまとめ、自分自身を振り返らせる。

2

Q2 では、「2人のわたし」を両極に直線で表したもの（心情直線）を貼付し、心のゆれを可視化する。話合いのきっかけにするために、同じ形態のものを各グループにも用意する。

1

状況がわかるよう教師の範読に合わせて場面絵を提示する。場面絵の提示は、範読する教師とは別の人が望ましい。

やすく板書し、思考を深めていく。

準備するもの・作り方

○ ワークシート
　💿 3-10-1
○ 場面絵
　💿 3-10-2〜4
○ ネームプレート
○ ホワイトボード（グループ用）

板書を生かして盛り上げる工夫

○ グループで話し合った後に、黒板の心情直線で各自の考えを共有する。ネームプレートを貼付し、考えの根拠を話していく。
○ 場面絵、心情直線、児童の考え等を分かり

評価のポイント

○ 心情直線を用いた話合いで、自分の考えと友達の考えを比べながら、親切のよさについての考えを深めている。
○ 自分の体験に照らしながら、親切のよさについて考えている。
○ 話合いの様子・発言・役割演技・ワークシート等から、多面的に評価する。

3年 教材名 公園のひみつ

出典：教出

B2　感謝

主題名　感謝の心で

1　ねらい

　お世話になっている高齢者や地域の方に尊敬の念をもち、感謝の気持ちをもって接しようとする態度を養う。

2　教材の概要

　毎日朝早く出かける祖父のことを不思議に思ったわたしは、ある日の朝、一緒について行く。祖父は、地域の方々と公園の掃除をしていた。一緒に公園の掃除を手伝ったわたしは、祖父に掃除をしている理由を聞く。人の役に立つことがうれしく、友達とも会えるのがうれしいと話す祖父に感謝する。

3　教材を生かすポイント

○ 導入の話し合いから、地域や高齢者の方々にも目を向けさせていく。

○ 祖父や町の人々たちによって自分たちの生活が支えられていることへの理解を深め、感謝することの大切さに気付かせていく。

○ 終末段階では、自己を振り返り感謝の気持ちを伝えたい人について考えさせ、実践につなげ、実生活に広げていく。敬老会等と関連させると実践化が期待できる。

4　本授業の展開

学習活動と主な発問等	● 指導の手立て　◆ 板書の工夫
1「ありがとう」を伝えたい人がいるか、またその気持ちを伝えているか話し合う。	● 自分が日常的に感謝の念を表せているか問い、自己モニタリングできるようにする。
2 教材「公園のひみつ」を読んで話し合う。	● 最後の場面絵を提示し、主人公に生じた心について問い、教材に対する関心をもたせる。
ありがとうの心をもっとふくらませよう。	
Q1 おじいちゃんの話を聞いて、「公園のひみつ」を知ったわたしはどんなことを考えたか。 **2-1** **Q2** 公園を掃除する地域の方々に対してどんな言葉をかけますか。 **2-2**	● 祖父の言動にふれ、尊敬の念をもつ主人公の心情をワークシートに記述させて交流させる。 ◆ おじいちゃんの話→私の心情の変化→公園のひみつという順に主題にせまれるように板書する。
3 一人一人が現在の自分にかかわりのある方々について考え、感謝の気持ちを伝えたい人たちについて話し合う。	● 実際に掃除をする人に声をかけ、感謝の気持ちを伝えて実感的に道徳的価値の大切さを実感できるようにする。
4 相手を敬愛し、感謝の気持ちを表す大切さについて教師の説話を聞く。	● 児童の生活を支えてくださる方々の存在を紹介し、感謝の気持ちを伝える大切さを話す。

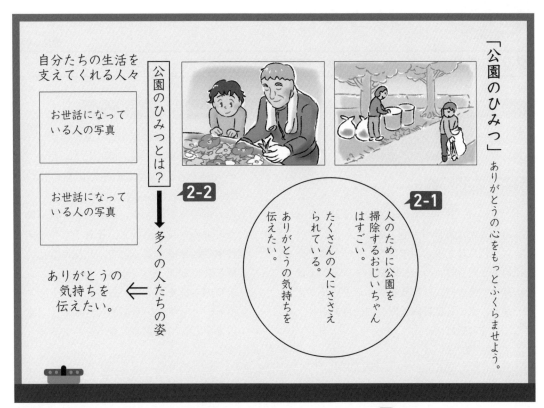

「公園のひみつ」ありがとうの心をもっとふくらませよう。

公園のひみつとは？

↓

多くの人たちの姿

2-2

自分たちの生活を
支えてくれる人々

お世話になって
いる人の写真

お世話になって
いる人の写真

ありがとうの
気持ちを
伝えたい。

2-1

人のために公園を
掃除するおじいちゃんはすごい。

たくさんの人にささえられている。

ありがとうの気持ちを伝えたい。

3

お世話になっている人たちの写真を提示し、感謝の気持ちを伝えることができているか自己を振り返り、感謝の気持ちをもっとふくらませたいという意欲を高める。

2

Q2 では、公園を掃除している地域の方の存在を知ってどんな言葉をかけるか話し合い、実際に声をかける役割演技を行い、実感的に道徳的価値の大切さを捉えることができるようにする。

1

Q1 では、祖父の話を聞いて尊敬と感謝の念をいだくようになった私の心情を捉えさせていく。

なっている人の写真等も使いながら板書を構成する。

評価のポイント

○ 祖父に尊敬の念をもつ主人公の心情を記述するワークシートやその後の交流の中で自己の体験とつないで感謝の対象を意識した記述や発言をしている。

○ 祖父や公園を掃除する人たちに感謝の気持ちを伝える活動で、自己の体験とつないで活動で表現している。

○ ワークシート・発言・話合いへの参加の仕方等によって評価する。

準備するもの・作り方

○ ワークシート
　💿 3-11-1
○ お世話になっている方々の写真
○ 学習プリント
○ 登場人物を描いた場面絵
　💿 3-11-2、3

板書を生かして盛り上げる工夫

○ おじいちゃんの話→私の心情の変化→公園のひみつという順に主題にせまれるように板書する。

○ 感謝の対象が広げられるように、お世話に

3年 かねつきどう

教材名 かねつきどう

出典：学研

B2	感謝	主題名 感謝する心

1 ねらい

自分たちの生活を支えてくれる人々の努力や思いに気付き、感謝する心情を育てる。

2 教材の概要

正べえが1日に3度正確に鳴らす鐘によって、町の人々は毎日の生活を送っていた。嵐の夜、正べえは鐘で洪水の危険を知らせ、命拾いした町の人たちは正べえに感謝する。正べえはその後も、災害時には警鐘を鳴らした。正べえの死後も、鐘の音は町の人たちに受け継がれ、暮らしを守り続けた。

3 教材を生かすポイント

○ 多面的・多角的に考えさせるために、正べえがどんな思いで鐘を鳴らしていたか、町の人がどうだったかの思いの違いについて、両方の立場から考えさせる。

○ 嵐の中で鐘を鳴らす正べえと、それを聞いた町の人を役割演技し、それぞれの思いを体感的に確認することで、状況や心情の理解を深める。

○ 児童の生活を支えている方にゲストティーチャーとして思いを話してもらい、児童が自分事として感謝の気持ちをもてるようにする。

4 本授業の展開

学習活動と主な発問等	●指導の手立て　◆板書の工夫
1 時計が無い時代の「かねつきどう」の役割を理解する。	● 鐘つき堂の絵（写真）を見せたり、鐘の音を聞かせたりして、学校のチャイムのような役割を担っていることを理解させる。
2 教材「かねつきどう」を読んで、話し合う。 **町の人たちは、どんな思いでかねの音を受けついできたのだろう。** **Q1** 正べえは、どんな気持ちで毎日鐘を鳴らしていたのだろう。また、町の人はどんな気持ちで聞いていただろう。 **2-1** **Q2** 嵐の中、鐘を鳴らす正べえと、それを聞いた町の人の役になって演技し、気持ちを考えよう。 **2-2** **Q3** 正べえの死後、町の人たちはどんな思いで鐘の音を受けついできたのだろう。 **2-3** **3** ゲストティーチャーの話を聞く。	◆ 正べえの人々を思う誠実さと町の人の思いをハートの大きさで表現する。 ● グループごとに役割演技をし、状況や心情の理解を深める。 ◆ 町の人の、正べえや鐘に対する感謝の思いが大きくなるようすを「ありがとう」の文字の大きさや感情曲線で表す。 ● 自分たちの身近にも同じような存在があることに気付かせる。 ● どんな思いで、児童の生活を支えているかを中心に話してもらう。
4 ワークシートに、本時の学びについてまとめる。	● 多くの人々支えられていることや、自分にできることを投げかける。

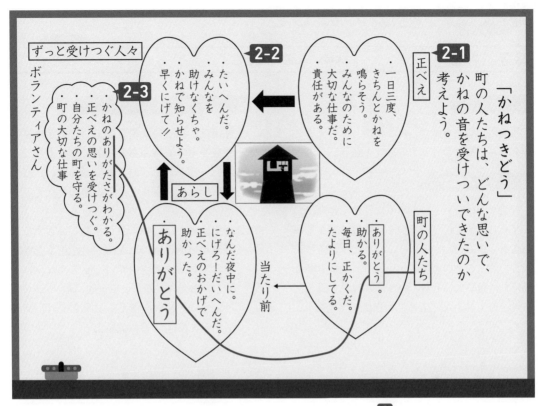

3

Q3 では、鐘つき堂は人々にとってなくてはならないものだとおさえる。正べえの鐘を受けつぐ町の人たちの思いを考えさせて、自分たちの生活を支える人へと重ねていく。

2

Q2 では、正べえと鐘に感謝する町の人の思いを Q1 の「ありがとう」より大きく書く。町の人が、正べえが鳴らす鐘の意味に改めて気付く変化を感情曲線で表現し、捉えやすくする。

1

Q1 では、上段に正べえの誠実な思い、下段に町の人の頼りにしながらも鐘が鳴って当たり前という感覚を対比的に書き、鐘に対する思いの違いをハートの大きさで表現する。

関わる方をゲストティーチャーとし、どんな思いで活動しているかを、正べえの思いにふれながら、児童に分かりやすい言葉で語ってもらう。

評価のポイント

○ 役割演技を通して、正べえの必死な思いと、町の人の感謝の思いを捉えている。

○ ゲストティーチャーの話を聞いて、自分たちの生活を支えてくれている人々の努力や思いを理解し、感謝する心をワークシートに書いている。

○ 役割演技をうけての発言や、ワークシートから評価する。

準備するもの・作り方

○ ワークシート
　💿 3-12-1
○ 鐘の音
○ 鐘つき堂の絵または写真
　💿 3-12-2

ゲストティーチャーを生かす指導

○ 存在は知っていても、普段は意識していない自分たちの生活を支え守ってくれている人々や先人の功績について、改めて考えさせたい。

○ 登下校の見守りをしてくれている人、交通指導員、PTAや地域の役員等など、児童に

3年

教材名
電話のおじぎ

出典：廣あ、光文

| **B3　礼儀** | 主題名　**礼儀の大切さ** |

1　ねらい

礼儀の大切さを知り、だれに対してもまごころをもって接しようとする態度を養う。

2　教材の概要

電話をかけるときに、相手に見えないのにおじぎをして話す祖母の言動を不思議に思っていた晶子。相手と向かい合っているときと同じ気持ちで話すことの大切さと、そのような丁寧な気持ちは相手に通じるという母親の話を聞き、父親、祖父、3人（晶子）の子どもたちもうなずく。

3　教材を生かすポイント

○ 礼儀は、相手の人格を尊重し、相手に対して敬愛する気持ちを具体的に表す方法であるということを学ぶことは意義深い。日頃の自分を振り返りながら実感的に捉えさせたい。

○ 相手に見えないのにおじぎをして話す祖母の言動を不思議に思う晶子が、相手を尊重する大切さに気づいていく心情の変化に着目し、考えさせることで主題に迫りたい。

○ 終末では、礼儀を伝える対象を広げ、実生活での実践につなげていく。

4　本授業の展開

学習活動と主な発問等	●指導の手立て　◆板書の工夫
1 礼儀正しく生活しているか話し合う。	● 自分が日常的に礼儀正しく生活できているか問い、自己モニタリングできるようにする。
2 教材「電話のおじぎ」を読んで話し合う。	● 最初（祖母のおじぎを不思議に思う晶子）と最後（笑顔で見守る）の場面絵を提示し、主人公に生じた心について問い、教材に対する関心をもたせる。
礼儀はなぜ大切か考えよう。	
Q1 おばあちゃんのおじぎを見て、晶子はどんなことを考えていたか。 2-1 **Q2** お母さんの言葉を聞いた晶子はどんなことに気づいたか。 2-2 **Q3** お母さんの言葉を聞いた後の晶子はおばあちゃんのおじぎをどのように見ているか。 2-3 **3** 一人一人が礼儀正しく接することができているか話し合う。	● お母さんの話を聞いた晶子の心情をワークシートに記述させて交流させる。 ◆ お母さんの話→晶子の心情の変化→礼儀の大切さの理解という順に板書し、主題に迫れるようにする。 ● 体験活動で感じたことを記入したノートの記述を生かすこともできる。
4 相手を敬愛し、感謝の気持ちを表す礼儀の大切さについて教師の説話を聞く。	● あいさつ運動をする児童の様子を映像で流して実感的に礼儀のよさを伝える工夫を行なう。

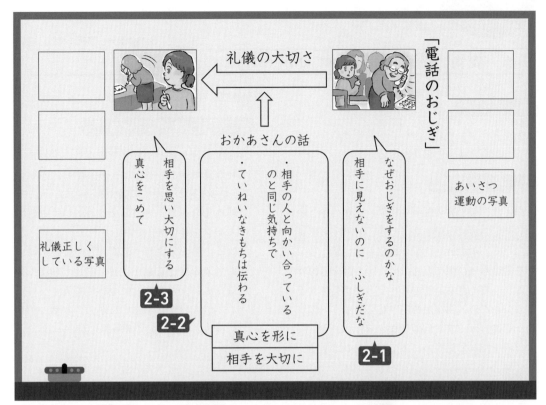

「電話のおじぎ」

礼儀の大切さ

あいさつ
運動の写真

礼儀正しく
している写真

相手を思い 大切にする
真心をこめて

2-3

おかあさんの話

・相手の人と向かい合っている
のと同じ気持ちで
・ていねいなきもちは伝わる

2-2

真心を形に
相手を大切に

なぜおじぎをするのかな
相手に見えないのに ふしぎだな

2-1

3

Q3 では、お母さんの言葉を聞いた後の晶子はおばあちゃんのおじぎをどのように見ているか話し合わせ、礼儀の大切さを捉えることができるようにする。

2

Q2 では、母の話を聞いて、相手と向かい合っているときと同じ気持ちで話すことの大切さと、丁寧な気持ちは通じるということに気づいた晶子の心情について交流させる。

1

教材提示では、最初（おじぎをする祖母の様子を不思議に思う晶子）と最後（真心をもって相手に接する祖母に感心する晶子）の場面を提示し、変化の要因に関心を持たせる。

準備するもの・作り方

○ ワークシート
　　💿 3-13-1
○ あいさつ運動の児童の写真
○ 場面絵
　　💿 3-13-2、3

板書を生かして盛り上げる工夫

○ お母さんの話→晶子の心情の変化→礼儀の大切さの理解という順に板書し、主題に迫るようにする。
○ 晶子の心情の変化の様子を視覚的に捉えられるようにする。

評価のポイント

○ 母の話を聞いて晶子はどんなことに気付いたのか話し合い、考えを広げたり、深めたりしている。
○ 礼儀の大切さを理解し、実生活に生かそうとしている。
○ ワークシート・授業中の発言等で評価する。

3年

貝がら

出典：学研、学図、教出、廣あ

B4　友情、信頼　｜　主題名　分かり合う友達

1　ねらい

　友達と互いに理解し合い、信頼を深め合い、助け合おうとする心情を育てる。

2　教材の概要

　ぼくは、隣の席の転校生の中山君が口をきかないので、最初は腹を立てたが、そのうち不思議に思う。中山君が描いた海辺の絵に感心して声を掛けると、前に住んでいた所の話を方言で周りにしてくれる。しかし、その方言を笑う子達がいたため、再び口を閉ざしてしまう。

　その後、ぼくが病気で学校を休むと、中山君が貝殻を持って見舞いに来てくれた。ぼくは、今度こそ仲良しになれると思う。

3　教材を生かすポイント

○ 他者を分かったつもりでいても、表面的にしか見ていないことは、多々ある。教材の「やっと分かった」の言葉を通して、互いを理解し合うことで信頼を深めていくことの大切さを考えさせていく。

○ ぼくの中山君に対する変化と中山君のぼくに対する変化を捉えさせ、友達と仲よくなるために大切なことについて考えさせていく。二人の変化を追いながら、友情や信頼を育むことについて考えさせたい。

4　本授業の展開

学習活動と主な発問等	●指導の手立て　◆板書の工夫
1 貝殻を見て、教材への関心を高める。	●美しい貝殻や珍しい形の貝殻を箱から取り出し、貝のあったところを想像させる。その後で、教材名を板書する。
2 教材「貝がら」を読んで話し合う。	◆互いの状態を上下に分けて板書し、相手に対して心がどのように向いているかを矢印で示し、変化を視覚化する。
友達について考えよう	
Q1 中山君に話しかけないようにしていたとき、ぼくはどのようなことを考えていたと思うか。 **2-1**	◆場面絵を用いて、ぼくや中山君の気持ちの変化を追いながら考えさせる。中山君の気持ちは教師が追う。 **2-2**
Q2 中山くんがしゃべらない理由がわかったとき、ぼくはどのようなことを考えたと思うか。	●ぼくが、中山君に対する最初の印象から「やっとわかった」に至るまでの変化に自我関与させて考えさせ、ワークシートに書かせる。
Q3 中山君のもってきてくれた貝殻を見ながら、「ぼく」はどんなことを考えたと思うか。	
3 友達と仲良くなるために大切なことを考える。 **3**	◆友達を理解し合い、信頼を深め合うために大切にしたいことを短冊に書かせ、黒板に貼らせて意見を共有する。
4 友達と理解し合い、信頼を深め合った教師の経験を聞く。	●友達の印象とは違う新しい面を発見して、より仲が深まった経験を話す。

「貝がら」

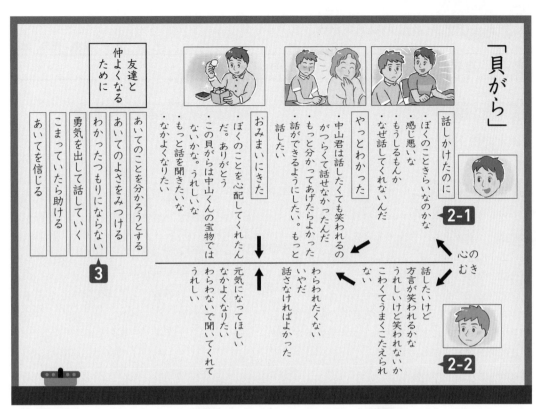

2-1

2-2

1 心のむき

話しかけたのに
・ぼくのこときらいなのかな
・感じ悪いな
・もうしるもんか
・なぜ話してくれないんだ

話したいけど方言が笑われるかな
うれしいけど笑われないか
こわくてうまくこたえられない

わらわれたくない
いやだ
話さなければよかった

やっとわかった
・中山君は話したくても笑われるのがつらくて話せなかったんだ
・もっと分かってあげたらよかった
・話ができるようにしたい。もっと話したいな

おみまいにきた
・ぼくのことを心配してくれたんだ。ありがとう
・この貝がらは中山くんの宝物ではないかな。うれしいな
・もっと話を聞きたいな
・なかよくなりたい

元気になってほしい
なかよくなりたい
わらわないで聞いてくれてうれしい

友達と仲よくなるために

あいてのことを分かろうとする
あいてのよさをみつける
わかったつもりにならない
勇気を出して話していく
こまっていたら助ける
あいてを信じる

3

3

友達と仲良しになるために大切なことを短冊に書いて黒板に貼り、意見を共有する。できるだけ、似た意見はまとめて貼り、整理する。

2

Q2 では、中山君の思いがやっと分かったぼくが、中山君と向き合うようになったことを矢印で示す。気持ちの変化を示し、友情を育むために大切なことを考えられるようにする。

1

Q1 では、ぼくと中山君が、お互いに相手を理解しようとしていないことを矢印の向きで示す。分かろうとせずに分かったつもりになっていることを明らかにする。

準備するもの・作り方

○ ワークシート
　　3-14-1
○ 貝殻の入った箱
○ 海辺の絵
○ 場面絵
　　3-14-2〜6

板書を生かして盛り上げる工夫

○ 一人一人に短冊を配り、友達と仲よくなるために大切だと思うことを書いて黒板に貼らせる。価値について様々な考えを共有して広げ、深められるようにする。

評価のポイント

○ 「やっとわかった」の言葉から、ぼくにどのような気持ちの変化が起こっているか考えている。
○ 友達を理解し合い、信頼を深め合うために大切にしたいことを考え、話し合いを通して自分の考えを深めている。
○ 発言・ワークシート・短冊に記述したことから評価をする。

3年 教材名 友だち屋

出典：光文、光村

B4 友情、信頼　　主題名 友だちってすてきだな

1 ねらい

友達と互いに理解し、信頼し合うよさを実感し、友情を深めていこうとする心情を育む。

2 教材の概要

友だち屋を始めたキツネは、さびしい人の友達になり、お金をもらおうと考える。クマと一緒に苦手なイチゴを食べ、痛むお腹を押さえながら代金をもらう。今度はオオカミに呼ばれ、トランプの相手をする。代金をもらおうとするキツネに、オオカミは「それが本当の友だちか」と怒る。このことでキツネは、本当の友だちとは何かということに気づく。

3 教材を生かすポイント

○「友だち屋」として形だけの友達になっているときと、オオカミに「本当の友だち」だと言われたときの喜びを対比して捉えることで、友達の大切さを感得させたい。

○中心発問で役割演技を取り入れ、「それが本当の友だちか」と言われたキツネの心情を考える。本当は誰よりもさびしかったという心情を引き出すことで、児童に、心が通じた「本当の友だち」の素晴らしさを感じ取らせたい。

4 本授業の展開

学習活動と主な発問等	● 指導の手立て　◆ 板書の工夫
1 友だちについて想起し、課題意識をもつ。 **Q1** みんなにとって、友達はどんな人ですか。	● 道徳的価値にかかわる問いかけをし、ねらいとする価値への方向付けを図る。
友だちのよさについて考えよう	
2 教材「友だち屋」を読んで話し合う。 **Q2** クマとイチゴを食べたり、オオカミとトランプをしたりしながら、キツネはどんなことを考えていたのでしょう。 **2-1** **Q3** 「明日も来ていいの」と聞いたキツネは、どんな気持ちだったのでしょう。 **2-2** **Q4** 帰り道にスキップをしながら、キツネはどんなことを考えていたのでしょう。 **2-3** **3** 「友だちがいてよかったな」と思った経験を振り返る。	●「友だち屋」としてクマやオオカミの相手をするキツネの心情を感じ取らせ、場面絵に合わせて板書する。 ● 役割演技を取り入れる。「明日もきていいの」という言葉の続きを語らせることで、キツネの心情を考え深めていく。 ◆ キツネの絵を中心に置き、「友だち屋」をしているときと、オオカミと本当の友だちになったときの心情を対比して捉えられるようにする。 ● キツネに手紙を書いて知らせるという手法をとることで、道徳的価値を自己との関わりで深く考えさせる。
4 教師の話を聞く。	● 心が通じ合った友達が大切だと実感した、教師の体験談を話す。

「友だち屋」 友だちのよさについて考えよう

本当の友だち ←——————→ 友だち屋

2-1

2-2

2-3

友だち屋
・イチゴがおいしくないよ。
・つまらないな。
・早くお金がほしい。

友だち 1 時間 100 円。
友だち 2 時間 200 円。

・こわいな。
・早く終わらないかな。

ビジネスだから
何も発てんしない

それが本当の
友だちか

本当の友だち
・本当の友だちができて
うれしい。
・オオカミさん、ありがとう。
・本当はさびしかったんだ。

何時間でもただ。
毎日でもただです。

・本当の友だちって
すてきだな。
・明日は何をしようかな。
・ミニカーのおれいに
ぼくもプレゼントを
しよう。

3

Q4 では、場面絵を提示し、吹き出しを貼り付ける。スキップしながら帰るキツネの心情に共感させながら、児童の発言を板書していく。

2

Q3 では、場面絵を提示した上で、役割演技を行う。話合いを通じて考え深めたキツネの心情を板書する。上部に「友だち屋」「本当の友だち」と板書し、対比して捉えやすくする。

1

Q2 では、キツネの絵を中央に提示。その右側に吹き出しを貼り付ける。友だち屋をしている場面絵を上下に配置し、児童の発言を板書していく。

準備するもの

○ ワークシート
　　💿 3 –15– 1
○ 場面絵
　　💿 3 –15– 2 ～ 7
○ 役割演技用のキツネ・オオカミの札

板書を生かして盛り上げる工夫

○ キツネの絵を黒板の中央に提示し、「友だち屋」をしているときと、オオカミに「本当の友だち」と言われたときの心情を左右に分けて板書することで、キツネの心情の変化を視覚的に示すことができる。

評価のポイント

○ 中心発問では、役割演技を通してキツネの心情を考え、多面的・多角的に「本当の友だち」について考えている。
○ キツネに向けて手紙を書き、自己を語ることを通して、本当の友達ができたキツネの心情に共感し、道徳的価値を自分との関わりで捉えている。
○ 中心発問における発言、自己を振り返った手紙の記述により評価する。

3年 教材名 ドンマイ！　ドンマイ！

出典：光文

B5　友情、信頼　｜　主題名　**助け合うなかま**

1 ねらい

　互いの心情を推し量り、友達と信頼し、助け合おうとする心情を育てる。

2 教材の概要

　サッカーの試合をしている途中、味方のゴールキーパーのこうくんのミスで失点する。最初は許せないぼくだが、仲よしのかずくんから、わざとしたミスではないこと、こうくんが日頃から頑張っていることを聞いて、こうくんにあやまる。その後、みんなで「ドンマイ！」と声をかけ合い、試合は同点であったが、みんなで頑張りをたたえ合う。

3 教材を生かすポイント

○ よりよい友達関係を築くには、相手の弱さや不十分さも含めて認め合い、助け合っていくことが大切である。本教材を日常生活と往還させながら考えさせていく。

○ こうくんの失敗を許せなかったぼくが、仲よしのかずくんの言葉で助け合うことの大切さに気付く心情の変化に着目させ、主題に迫りたい。

○ 終末では、よりよい友達関係を築いていけるように日常生活で協力しているプレゼンを視聴させ、よりよい実践につなげる。

4 本授業の展開

学習活動と主な発問等	●指導の手立て　◆板書の工夫
1 友達となかよくしているか話し合う。	● 児童の友達関係について問い、自己モニタリングできるようにする。
2 教材「ドンマイ！　ドンマイ！」を読んで話し合う。	● 最初（友達のミスを許せない）と最後（ドンマイと声をかける）のぼくの場面絵を提示し、主人公に生じた心の変化について問い、内面の動きに着目させる。
友達関係を深めるために大切な心について考えよう。	
Q1 こうくんのミスを許せないぼくはどんなことを考えていたのか。 **2-1**	● かずくんからこうくんの頑張りを聞いたぼくの心情をワークシートに記述させて交流させる。
Q2 かずくんの言葉を聞いて、ミスをせめられなくなったぼくはどんなことに気づいたか。 **2-2**	◆ 友達のミスを許せないぼく→かずくんの話からの心情の変化→助け合うことの大切さの理解という順に板書し、主題にせまれるようにする。
Q3 引き分けだったが喜び合うぼくたちはどんなことを考えているか。 **2-3**	● 日常の友達関係で感じたことを記入したノートの記述を生かすこともできる。
3 一人一人が友達関係で助け合っているか話し合う。	
4 相手の不十分さも認め、助け合う大切さについて教師の説話を聞く。	● 友達同士協力している写真をプレゼンテーションで視聴し、自己の友達関係を深めようとする実践意欲を高める。

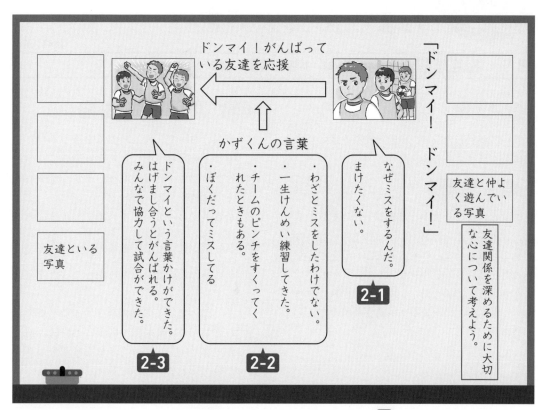

ドンマイ！がんばって
いる友達を応援

「ドンマイ！ ドンマイ！」

友達と仲よく遊んでいる写真

友達関係を深めるために大切な心について考えよう。

かずくんの言葉

2-1

なぜミスをするんだ。
まけたくない。

・わざとミスをしたわけでない。
・一生けんめい練習してきた。
・チームのピンチをすくってくれたときもある。
・ぼくだってミスしてる

2-2

・ドンマイという言葉かけができた。
・はげまし合うことがんばれる。
・みんなで協力して試合ができた。

2-3

友達といる写真

3

Q3 では、「同点なのになぜ喜ぶのか」と問い、相手をまるごと受け止め、助け合う大切さを捉えさせ、喜び合うぼくの心情を共感的に考えさせていく。

2

Q2 では、かずくんの言葉を聞いて、こうくんの気持ちと今までの頑張りを思い、お互い補い合って頑張る大切さに気付いたぼくの心情をワークシートに記述させて交流させる。

1

Q1 では、こうくんのミスを許せないぼくと最後ドンマイと声をかけながら協力するぼくの2枚の場面絵を提示し、変化の要因に関心をもたせる。

準備するもの・作り方

○ ワークシート
　🔘 3-16-1
○ 友達と助け合う児童の写真
○ 登場人物を描いた場面絵
　🔘 3-16-2、3

板書を生かして盛り上げる工夫

○ かずくんの話→ぼくの心情の変化→助け合う大切さの理解という順に板書し、主題に迫れるようにする。
○ ぼくの心情の変化を表す場面絵を掲示し変化の根拠を捉えられる構成にする。

評価のポイント

○ かずくんの言葉を聞いて、ぼくが何に気づいたのかを信頼・友情・許す心・思いやり等のキーワードで発言している。
○ かずくんの話を聞いたぼくの心情を、日常生活やあいさつ運動等の体験を意識しながらワークシートに記述している。
○ 主人公の心情を記述したワークシート・主人公の気付きを交流する発言等で評価する。

3年 教材名 たまちゃん、大好き

出典：東書

B5 相互理解、寛容 | 主題名 相手を理解する心

1 ねらい

互いに理解し合って、自分と異なる意見も大切にしようとする心情を養う。

2 教材の概要

タイムカプセルを作ったまる子とたまちゃんは、二人で埋める約束をする。たまちゃんとの約束をしっかり守ったまる子は、約束を守らなかったたまちゃんが許せない。

しかし、まる子も同じ立場になってみて、初めてたまちゃんの状況や気持ちを理解することができた。

3 教材を生かすポイント

○ 導入において、友達に約束を破られたときのことを想起させ、どんな気持ちになるかを話し合うことで、ねらいとする価値への方向付けを図る。

○ まる子にとって、タイムカプセルを二人で埋めることは特別なことであり、心から楽しみにしていたからこそ、約束を破ったたまちゃんのことが許せなかったことを確認しておく。

○ 「どうして、二人は仲直りすることができたのか」を中心発問で問うことで、仲直りができた理由について多様な考えを出させたい。

4 本授業の展開

学習活動と主な発問等	●指導の手立て ◆板書の工夫
1 仲よしの友達とけんかした体験について話し合う。	●許せない気持ちや相手を責める気持ちなどの発言から課題につながるようにする。
仲よしになるために、大切なことは何だろうか	
2 教材「たまちゃん、大すき」を読んで話し合う。 **Q1** たまちゃんを許せないまる子をどう思うか。 **2-1** **Q2** どうして、二人は仲直りすることができたのでしょうか。 **2-2** **3** まる子やたまちゃんのような自分たちの経験を話し合う。	●楽しみにしていたからこそ、感情的になっているまる子の気持ちを確認する。 ●仲良しだからではなく、互いに気持ちを伝えあい相手の立場を理解し合うことの大切さに気づかせるようにする。
4 学習テーマについて考える。	●導入の課題について再度考え、自己のよりよい生き方について考える。

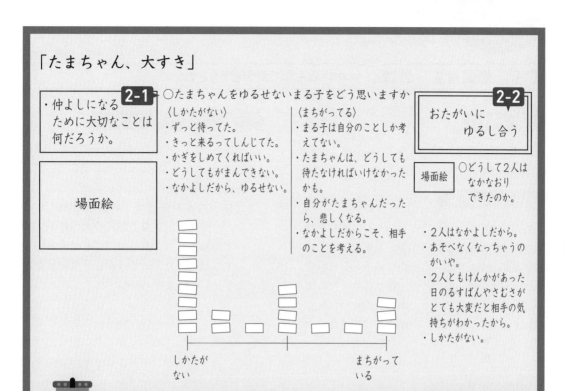

「たまちゃん、大すき」

2-1
・仲よしになるために大切なことは何だろうか。

場面絵

○たまちゃんをゆるせないまる子をどう思いますか

〈しかたがない〉
・ずっと待ってた。
・きっと来るってしんじてた。
・かぎをしめてくれればいい。
・どうしてもがまんできない。
・なかよしだから、ゆるせない。

〈まちがってる〉
・まる子は自分のことしか考えてない。
・たまちゃんは、どうしても待たなければいけなかったかも。
・自分がたまちゃんだったら、悲しくなる。
・なかよしだからこそ、相手のことを考える。

2-2
おたがいにゆるし合う

場面絵

○どうして2人はなかなおりできたのか。

・2人はなかよしだから。
・あそべなくなっちゃうのがいや。
・2人ともけんかがあった日のるすばんやさむさがとても大変だと相手の気持ちがわかったから。
・しかたがない。

しかたがない　　　　まちがっている

B
主として人との関わりに関すること

3
最後に学習テーマについて考え、友達ともっと仲よしになるために大切なことを考える。

2
Q2 では、二人が仲なおりできた理由について考える。まる子とたまちゃんのそれぞれの立場で考えた理由の発言も考えられるので、二人の理由を分けて板書するとよい。

1
Q1 では、まる子の許せない気持ちのよしあしについてネーム磁石等を活用して視覚化させることで、多様な視点から対話検討できる板書にする。

準備するもの・作り方

○ ワークシート
　　3-17-1
○ 場面絵

板書を生かして盛り上げる工夫

○ 場面絵を活用し、まる子の表情にも注目させることで、まる子の心の変化を捉えさせる。
○ 判断の是非を対話検討していく際には、対話を通して自分の考えが変わった時は自由にネーム磁石を動かしてよいことにする。

評価のポイント

○ 登場人物の行為の是非について対話検討する中で、多面的・多角的に考えている。
○ 登場人物の心情について話し合う活動を通して、寛容や相互理解の大切さに気付いている。
○ 発言・ワークシート・話し合いの参加の仕方で評価する。

3年 教材名 あめ玉

出典：学研、学図、廣あ

C1　規則尊重・公徳心　主題名　**みんなで使う場所をきれいに**

1　ねらい

　公共の場や物を大切にすることの意味を理解し実践意欲を高める。

2　教材の概要

　ある日の駅構内でのこと。わたしはガムを踏んでしまい不快な思いをする。電車に乗ると、目の前に小学三年生くらいの女の子とその子の妹がきちんと座っていたが、妹があめ玉をこぼしてしまう。妹がこぼしたあめ玉を拾い、ちり紙にくるんで、降車駅の紙屑かごに捨てた姉の姿を見て、わたしは清々しい気分になる。

3　教材を生かすポイント

○ 公共の場でいやな思いをしたわたしと、姉の姿に清々しさを感じたわたしの心について共感的に理解を深めさせたい。

○ 教材の内容理解だけで終わらせることなく、自分にとって身近な「公共の場」について想起させ、みんなが過ごしやすい場所にするために自分ができることは何かを考えさせ、実践意欲を高めたい。

4　本授業の展開

学習活動と主な発問等	●指導の手立て　◆板書の工夫
1「みんなで使う場所（公共の場）」には、どんな場所であるか、話し合う。	●「公共の場」という場所がどのような場所のことを言うのか、全体で共有する。 ◆児童の意見を板書して残しておく。
2 主人公わたしの気持ちの変化を考えながら、教材「あめ玉」の範読を聞く。	●登場人物の関係がわかるように板書しながら、範読していく。
みんなで使う場所を大事にしているかな	
Q1 チューインガムが靴についた時わたしはどんな気持ちだったか。 **2-1** **Q2** 姉があめ玉をひろった時、わたしはどんな気持ちで見ていたか。 **2-2** **Q3** なぜわたしは、姉の行動をみて清々しい気分になったのか。 **2-3** **3** 自分にとって身近な「公共の場」で、どのようなことを大切にしていこうと考えるか、ワークシートに書いて話し合う。	●チューインガムが靴の裏についたときのわたしの思いを共感し、共有させるため、ペアでの話し合いを行う。 ◆女の子の行動と、わたしの気持ちの関係について、わかりやすく板書する。 ●板書を見て、わたしの気持ちの変化を振り返りながら、今のわたしの気持ちを共感させる。 ●身近な公共の場に視点を戻し、本時の内容と自分の生活とをつなげさせる。
4 本時で感じたことや考えたことをワークシートに記入する。	●自分が大切にしていきたい気持ちをワークシートに記述させる。

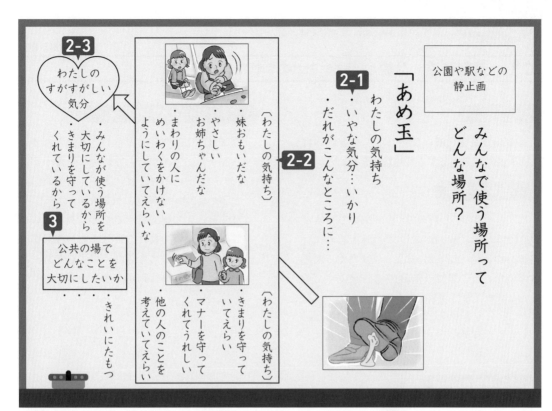

3

Q3 では、女の子の行動を見たわたしの清々しい気分をハートでかこい、その下になぜ清々しい気分になったのかを問い、最後にガムを踏んだ場面絵とハートを矢印でつないでいく。

2

Q1 では、チューインガムを踏んだわたしの場面絵を掲示し、その時のわたしの気持ちを問う。その後、女の子の行動の場面絵を提示しわたしの気持ちを問い、四角で囲う。

1

「公共の場」が写っている写真を掲示し、「公共の場」についての児童たちの考えを共有させるため、児童から出された意見を板書する。その後に題名「あめ玉」を書いて、教材に入っていく。

準備するもの・作り方

○ ワークシート
　　3 –18– 1
○ 場面絵
　　3 –18– 2 〜 4
○ 公共の場（駅や公園など）の写真

板書を生かして盛り上げる工夫

○ ガムを踏んだわたしの嫌な気持ちが、清々しい気分になったことが伝わるよう、ガムを踏んだ場面絵からハートのイラストまで矢印でつなぐ。

評価のポイント

○ 清々しい気持ちになれたわたしの原因を多面的に広げ、深めている。
○ 自分の経験と照らし合わせ、公共の物や場所を大切にしようとする実践意欲を高めている。
○ ワークシートの記述・授業中での発言で評価する。

3年 みんなのわき水

出典：廣あ、日文

C1　規則尊重・公徳心　主題名　**社会のきまりを守って**

1　ねらい

みんなで使う場所（公共の場）をきれいにし、大切にしようとする実践意欲を高める。

2　教材の概要

こうちゃんの住む町の外れにはおいしい水がわき出ている。ある秋の日、わき水をくみに行くと、わき水のまわりには葉っぱがたくさん落ちていた。そこには「ご自由にお使いください」と書かれたほうきがあり、こうちゃんはなぜそこにほうきが置かれているのかを理解し、もくもくとわき水のまわりをはき始めた。

3　教材を生かすポイント

○「ご自由にお使いください」と書かれたほうきから、二人がみんなの場所を誰かがきれいにしていることに加えて、自分たちもそうすることの大切さに気付かせていきたい。

○自分事として捉えさせるため、教材についての話し合いの後に、自分たちの生活を想起させ、公共の場をきれいにするため、自分はどのような行動ができるか考えさせていく。

4　本授業の展開

学習活動と主な発問等	●指導の手立て　◆板書の工夫
1 きれいに保たれている公共の場の映像を見て、感じたことを話し合う。	●きれいに保たれている公共の場の映像を見ることで、教材への関心を高める。
2 登場人物の行動や気づきに注目しながら「みんなのわき水」の範読を聞く。	●「こうちゃんはこまった顔をしています」まで範読する。
公共の場を使う時に大切なことは何だろう。	
Q1 わき水のところにたくさんの葉っぱが落ちているのを見たこうちゃんは、どんなことを感じたか。**2-1** **Q2**「ご自由にお使いください」と書かれたほうきを見つけたこうちゃんは何に気づき、何を考えたか。**2-2** **3** 身の回りの公共の場で、自分がどんなことができるかを考える。	●こうちゃんが感じたことは何かを話し合い、共感的に理解させる。 ●ほうきを見つけたこうちゃんたちがどんなことを考えたのか、グループで話し合わせる。 ◆登場人物の心の動きが行動に至るまでを可視化する。 ●身近な公共の場に視点を戻し、本時の内容と自分の生活とをつなげさせる。
4 学習テーマについて感じたことや考えたことをワークシートに記入する。	●今後自分が大切にしていきたいことをワークシートに記述させる。

板書例

きれいな公共の場
静止画

「みんなのわき水」

・きれいなところ
・行ってみたい
・心が落ち着く

2-1

落ち葉がたくさん
落ちている写真

こうちゃんの気持ちは？

・どうしたんだろう
・変だなぁ

2-2

・こうちゃんと
けんちゃんが
考えたことは？

・こうちゃんと
けんちゃんが
気づいたことは？

① 公共の場を使うとき、大切なことは？
・人まかせではなく、自分が、きれいにする

② 自分の生活の中で何ができる？
・ごみをひろう
・トイレをきれいに使う

1

初めにきれいに保たれている公共の場の映像を見た児童の感想を板書する。教師の範読後、葉がたくさん落ちていたところを見たこうちゃんの気持ちについて、児童の考えを板書する。

2

❷ では、「ご自由にお使いください」と書かれたほうきのイラストを掲示し、それを見たこうちゃんたちの気持ちや行動について考える、きっかけづくりを行う。

3

学んだことを通して、自分たちが生活の中で何ができるか、児童の考えを板書する。その際、教材の内容と自分の今後の行動に関連性をもてるよう、内容と児童の考えをつなぐ。

準備するもの・作り方

○ ワークシート
　💿 3 –19– 1
○ きれいに保たれている公共の場の動画や静止画
○ 場面絵
　💿 3 –19– 2 、3

ICT 活用

○ きれいに保たれている公共の場の画像を導入で見せることにより、教材への興味を高め、児童の実践意欲へもつなげていく。

評価のポイント

○ 公共の場をきれいにすることへの喜びを感じ、その意味について考えを深めている。
○ 自分の経験と照らし合わせ、公共の場を大切にしようとする実践意欲を高め、具体的な行動を考えている。
○ ワークシートの記述・授業中での発言で評価する。

3年 教材名 母のせなか―渋沢栄一―

出典：廣あ

C2　公正、公平、社会正義 主題名 **分け隔てなく**

1　ねらい

　誰に対しても分け隔てをせず、公正、公平な態度で接しようとする心情を育てる。

2　教材の概要

　渋沢栄一と母のえいの実話である。栄一の近所に重い病気に苦しむりんが住んでいる。近所の人は病気がうつることを恐れてりんに近づこうとしない。栄一も、えいから医者が病気はうつらないと言っていることを聞くがりんに近づくことをしぶる。しかし、えいは、他の人に接するのと変わりなくりんと接する。そんな母の姿をみて、栄一は深く考える。

3　教材を生かすポイント

○ 栄一がりんを避ける気持ちを話し合うことで、人の心に潜む偏見や差別の心に気付かせる。この場合、りんの病気はうつらないということを押さえることが重要である。

○ りんと接することを嫌がる栄一にえいがどのように諭したのか役割演技をするとよい。その場合、人間の心の弱さを表現する栄一の役は教師が行うとよい。

○ 児童が自分の事、体験として捉えられるように、されたときの思いを探ることも重要である。

4　本授業の展開

学習活動と主な発問等	●指導の手立て　◆板書の工夫
1 福祉に関するマークをみて、なぜ必要なのか考える。	●福祉に関するマークを掲示し、公平について問題意識をもたせる。
みんなが平等にくらすために大切なことは何だろう。	
2 教材「母のせなか」を読んで話し合う。 **Q1** 栄一はどうして、りんに近づくことをいやがったのだろう。 **2-1** **Q2** えいは、りんへの接し方について栄一にどのように話して聞かせただろう。 **2-2** **Q3** 自分が栄一、えいの接し方をされたらそれぞれどんな気持ちになるだろう。 **2-3** **Q4** みんなが平等にくらすために大切なことは何だろう。 **3** 渋沢栄一の公正、公平に関わる業績を知り、その考え方に触れる。	●病気はうつらないことを押さえ、人の心に潜む偏見や差別に気付かせる。 ●役割演技を行い、えいの思いを語りながら、次第に、自分の思いを語れるようにする。 ◆平等に接してもらえたときとそうでないときの感じ方の違いが明確になるように板書する。 ●グループでの話合いを取り入れ、自分の考えをもてるようにする。 ●渋沢栄一の福祉に関する業績や人に関わるときの言葉を示す。
4 今日の学習を振り返り、公正、公平について学んだことを書く。	●自分の生活を振り返りながら、これからの生き方について考えさせる。

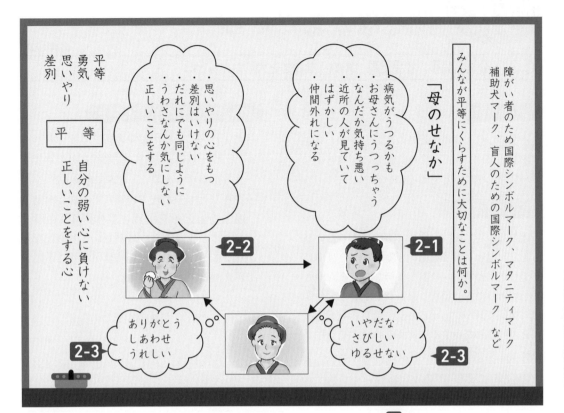

3

Q4 では、児童が考えた平
等に暮らすために必要なこ
とを板書する。一人一人の
よさを認めながら、できる
だけ多く板書し、多面的に
振り返りができるようにす
る。

2

Q2 では、役割演技を行う
が、えいの思いだけではな
く、児童の公正、公平に対
する思いをしっかり聞き取
り、板書する。その後 **Q3**
で、栄一や英に対するりん
の思いを対比的に板書する。

1

Q1 では、栄一とりんの顔
を貼り、栄一がりんを避け
たがる思いを考えさせる。
「病気がうつるから」とい
う発言が出た場合、そうで
はないことを板書する。

えを深められるようにする。

準備するもの・作り方

○ ワークシート
🎵 3-20-1
○ ユニバーサルデザインに関するマーク
○ 登場人物の絵、役割演技で活用するお面
🎵 3-20-2～4

板書を生かして盛り上げる工夫

○ 栄一の思い、えいの思い、それに対するり
んの思いを対比的に板書し、公正、公平に
接することの大切さを感じられるようにす
る。また、平等に暮らすために必要なこと
については多くの意見を板書し、児童が考

評価のポイント

○ 役割演技を通して、えいの思いだけでな
く、公正、公平に接することの大切さを捉
えている。
○ 友達の多様な意見を参考にしながら、みん
なが平等に暮らすために必要なことを考え
ている。
○ 発言・振り返りの記述・自らの生き方につ
いての記述で評価する。

3年 同じなかまだから

教材名

C2　公正、公平、社会正義　主題名　なかまを大切にするとは

1　ねらい

不公平な扱いを受けた時の悲しさや苦しさを理解し、誰に対しても公平に接し、仲間とよりよい関係を築こうとする心情を育てる。

2　教材の概要

運動会の団体競技の練習で勝負に勝ちたいひろしが、運動が苦手な光夫を指のけがを理由に休ませようとする。ひろしと同じ思いをもつとも子であったが、転校したよし子が新しい仲間との関係で悩んでいるという手紙をもらったことを思い出し葛藤する。仲間外れはよくないことを、とも子ははっきりとひろしに伝える。

3　教材を生かすポイント

○ 導入において、不公平な扱いを受けた経験について思い出させ、日常生活の中でよくある出来事であることを理解させる。

○ ひろしとも子の双方の視点から考えさせ、勝ちたいと思う気持ちが仲間外れにつながってしまうことを理解し、いじめは身近なところに発生する可能性があることに気付かせる。

4　本授業の展開

学習活動と主な発問等	●指導の手立て　◆板書の工夫
1 不公平だなと感じた経験について交流する。	●不公平な扱いを受けたことやしてしまった経験を交流することで、その時の気持ちを想起させる。
2 教材「同じなかまだから」を読んで話し合う。	◆場面絵を提示し、教材の内容が視覚的に捉えられるようにする。
「なかまを大切にする」とは、どういうことだろう。	
Q1 ひろしは、なぜ光夫に体育を休んだ方がいいと勧めたのでしょう。 **2-1**	●勝ちにこだわるひろしの思いが相手を傷つけることを押さえる。
Q2 「どう思う？」と聞かれたとき、とも子はどう思ったでしょう。 **2-2**	●とも子の揺れる気持ちを心情円盤で示しながら話し合う。
Q3 とも子の「同じなかまじゃないの。」という言葉にはどんな思いが込められているのでしょう。 **2-3**	◆掲示用の心情円盤を黒板に貼付し、全体で共有する。
	●役割演技を行い、とも子の言葉に込められた思いを表現させる。
3 仲間を大切にできたこと、できなかったことについて自分自身を振り返る。	●ワークシートに記入し、自分自身について考えさせる。
4 学習テーマについて考える。	●教師の体験談等を話す。

3

本時のテーマ「なかまを大切にするとはどういうことだろう」の短冊を移動し、教材を通し考えたことをまとめ、自分自身を振り返らせる。

2

Q2 では、気持ちを表す心情円盤を貼付し、動かしながら、とも子の揺れる気持ちを考える。話合いのきっかけにするために、同じ形態のものを個人用にも用意する。

1

教師の範読に合わせて場面絵を提示する。教材が手元になくても、内容の大体がつかめるようにしておく。場面絵の提示は、範読する教師とは別の人が望ましい。

整理することで考えを深めていく。

準備するもの・作り方

○ ワークシート
　　💿 3–21–1
○ 場面絵
　　💿 3–21–2 〜 4
○ 心情円盤（個人用、板書用）

板書を生かして盛り上げる工夫

○ 個人で考え、それをもとにグループで話し合った後に、黒板の心情円盤で考えを共有する。とも子の揺れる気持ちを視覚的に捉えられるようにする。
○ 場面絵、心情円盤、児童の考え等を板書し

評価のポイント

○ 心情円盤を用いた話し合いにおいて、自分の考えと友達の考えを比べながら、公正、公平についての考えを深めている。
○ 道徳的価値に照らして自分自身を振り返り、自分の生き方について考えている。
○ 話し合いの様子・発言・役割演技・ワークシート等の授業中の様子から評価する。

3年 教材名 はた・らく

出典：光文

C 3　勤労、公共の精神　主題名　すすんで働く

1　ねらい

　働くことの意義を知り、進んでみんなのために働こうとする心情を育てる。

2　教材の概要

　さとしは、夏休みにトイレ掃除を担当する。はじめは簡単に済ませていたが、祖母から「トイレはそのうちのかがみ」と電話で言われ、自分の仕事を見直す。以後、隅々まで気を付けて掃除をすると、今までと違う達成感を感じ、さらに家族から褒められて嬉しくなる。

　父から「はたらく」の意味を教わり、さらに働く意欲を高める。

3　教材を生かすポイント

○ 仕事への取り組み方の違いが、仕事後の気持ちや周囲の反応の違いをもたらしている。同じ仕事でも向き合い方で違ったものになることに気付かせ、考えさせる。

○ 自分を振り返り、仕事を負担や面倒に思ったり、手を抜いたりして一生懸命にできなかった経験を見つめ直し、日常生活と重ねながら教材への自我関与を促す。

○ さとしが家族から仕事への取り組み方を認められ、自己肯定感、自己有用感が高まる様子に自分自身の経験を重ね合わせ、仕事をする大切さについて考えさせる。

4　本授業の展開

学習活動と主な発問等	●指導の手立て　◆板書の工夫
1 自分の仕事を思い起こさせ、教材への関心を高める。 **1**	●「仕事」をキーワードにして生活経験を想起させ、イメージマップを作成する。
はたらくことについて考えよう	
2 教材「はら・らく」を読んで話し合う。	●自分の仕事を思い浮かべながら、自分に引き寄せて教材を読む。
Q1 はじめはどのような考えで掃除をしていたと思うか。 **2-1**	●面倒に思う仕事の取り組み方について、自分自身を振り返って考えさせる。
Q2 おばあさんの話を聞いて、どのような考えで掃除をするようになったと思うか。 **2-2**	◆おばあさんの話の前と後で働き方が変化していることを板書で明確にする。
Q3 「ぼくにまかせて」と言うようになったさとしは、はたらくことについてどのような考えになったのだろうか。 **2-3**	◆ペアでさとしとインタビューをする役になり、仕事に対する考えを語らせる。全員が考えを伝え合った後、学級全体で共有する。
3 自分自身を振り返り、自分の働き方について考えたことを、自分に向けたメッセージとして書く。	●「はた・らく」ことで、自分や周囲にとってそれぞれにどのようなよさがあるかを考えさせ、ワークシートに書く。
4 教師の話を聞く。	●学級の児童の働く場面を写真に撮り、スライドショーで紹介する。

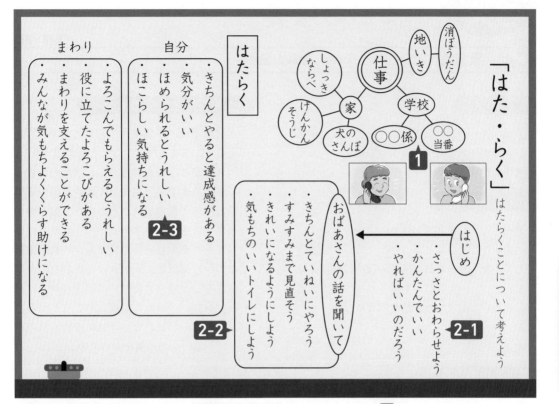

3

❸では、インタビューで
のやり取りを自分自身の視
点、社会の一員としての視
点に分類して板書する。

2

Q1 Q2では、おばあさん
の話の前と後で仕事への取
り組み方やその結果に変化
があることを示す。

1

導入では、「仕事」をキー
ワードにして、イメージ
マップを作成する。様々な
場面での自分の仕事を思い
起こさせるようにする。

て板書する。

準備するもの・作り方

○ ワークシート
　🔘 3-22-1
○ 登場人物の絵
　🔘 3-22-2、3
○ 児童が働く姿の写真

板書を生かして盛り上げる工夫

○ 教材を自分事として捉えられるようにイ
　メージマップを書く。
○ インタビューで出た考えを、自分自身の視
　点（誇りや達成感等）、社会の一員としての
　視点（役に立つ喜びや責任感等）に分類し

評価のポイント

○ ペアでのインタビューを通して、仕事に対
　して自分なりに考えている。
○ 自分に向けたメッセージを書くことで、仕
　事について考え、これから生かしていきた
　いと考えている。
○ インタビューに対する答え・ワークシート
　に書いた自分に向けたメッセージなどで評
　価する。

3年 一まいの銀貨

出典：学研

C4　家族愛　　　主題名　**家族の温かさ**

1　ねらい

　家族（親）の愛の深さに気付き、父母を敬愛し、家族の一員として、温かい家庭をつくろうとする心情を育てる。

2　教材の概要

　お母さんに頼まれたお使いの途中で大切な一枚の銀貨をなくしてしまったハンス。一生懸命探しても見つからず泣いて家の近くに帰る。泣いてだきつくハンスに、お母さんはすべてを理解し、そっと一まいの銀貨をにぎらせた。

3　教材を生かすポイント

○ 本教材では、銀貨に込められた意味や背景を考え、丁寧に取り扱うことが大切である。

○ ハンスがなくした銀貨から、家族のために毎晩遅くまで働くお父さんへの思いや家族にとって一枚の銀貨がどれほど大切なのかを思う気持ちに着目させたい。

○ お母さんが握らせた銀貨がもう一枚の銀貨なのか、お母さんが見つけたものなのか想像することで、お母さんの愛情の深さに触れ、家族の一員として役に立とうとするハンスの思いに触れたい。特に役割演技でハンスの思いへの理解を深めたい。

4　本授業の展開

学習活動と主な発問等	●指導の手立て　◆板書の工夫
1 自分にとって「家族」とは、どんな存在か、ノートに書き、発表する。	●家族への感謝、家族との思い出、特に制限をつけずに考えさせ、発表させる。 ◆児童の意見を板書して残しておく。
2 ハンスの家族への思い、お母さんの優しさについて考えながら、教材「一まいの銀貨」の範読を聞く。	●ハンスの思いに気づかせるため、児童の反応を見ながら、範読の途中に発問をする。
家族の大切さについて考えよう	
Q1 銀貨を無くし、一生懸命探しているハンスはどんなことを考えていたのだろうか。 **2-1** **Q2** お母さんは、どんな思いでもう一度ハンスに銀貨を渡したのか。 **2-2** **Q3** そっとお母さんが銀貨を握らせてくれた時、ハンスは何を思ったのだろうか。（役割演技を通して考える） **2-3** **3** 「銀貨」に込められている意味は何か。「家族の○○」を考えてみよう。	●この銀貨がどれだけ大切なのか確認し、ハンスの気持ちを共感的に理解させる。 ◆ハンスの気持ちの変化と、銀貨がもつ意味がわかるように、板書を工夫する。 ●銀貨を渡されたハンスの気持ちを理解するため、この場面を演技させ、その気持ちを発表させる。 ●○○にはどんな言葉が入るか、この話を読んで感じたことを発表させる。
4 本時で感じたことや考えたことをワークシートに記入する。	●家族のためにできることをワークシートに記述させる。

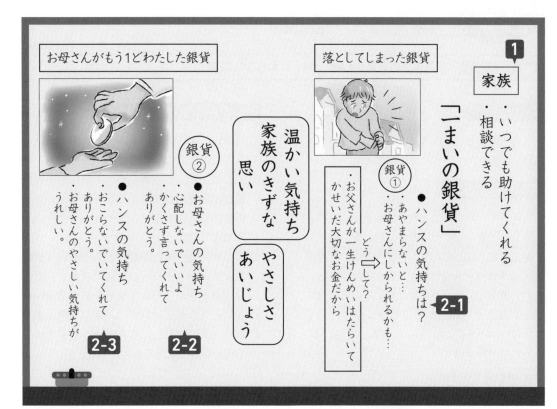

3

空けておいた中央スペースに児童が「1まいの銀貨」を読んで感じた、「家族の○○」について考え、発表した内容を板書する。

2

お母さんがハンスに銀貨を握らせる場面絵と銀貨②を貼り、その時の二人の気持ちを板書する。2枚の銀貨に込められた意味を強調できるよう、黒板の中央スペースを空ける。

1

「家族」とはどんな存在なのか、児童の意見を板書した後、ハンスが銀貨を落とした場面絵と銀貨①を貼り、銀貨の大切さや銀貨を落としたハンスの気持ちを板書する。

準備するもの・作り方

○ ワークシート
　💿 3-23-1
○ 場面絵
　💿 3-23-2、3
○ 2まいの銀貨（板書用）

板書を生かして盛り上げる工夫

○ ハンスが落とした銀貨と、お母さんがそっと握らせた銀貨、それぞれについて考えさせるため、2枚の銀貨を用意し、それぞれについて児童の考えを板書していく。

評価のポイント

○ 家族の中の深い愛情や、家族で協力し合って生活していくことを、多面的・多角的に捉えて、考えを深めている。
○ 自分が家族の一員であるということを自覚し、家族への敬愛の思いを深めながら、家族みんなで協力し合い、温かな家庭をつくろうとする気持ちを高めている。
○ ノート・ワークシートの記述・授業中での発言で評価する。

3年 教材名 ぼくがいるよ

出典：廣あ、学研（5年）

C4 家族愛、家庭生活の充実 | 主題名 **かけがえのない家族**

---

1 ねらい

父母を敬愛し、家族みんなで協力し合って、温かい家庭をつくろうとする心情を育てる。

2 教材の概要

入院していた母が退院し、日常が戻ったことをうれしく思うぼくだったが、数日後、母から手術後に味とにおいが全くしなくなったと告げられる。母の手料理が減っていく中、ぼくは、母が料理をして自分が味付けをすることを提案する。母と食事作りをするようになったぼくは、「ぼくがいるよ」「もっとたよっていいよ」と心の中で繰り返す。

3 教材を生かすポイント

○ 出典は、実際の4年生が書いた児童作文である。ぼくの母親への優しい思いがあふれる心温まる内容であるが、家族構成や家族状況が多様化していることを踏まえ、教材の家族関係をあるべき姿と捉えさせないよう配慮する。

○ ぼくが共同作業を提案した場面では、「手料理はよくてスーパーのお惣菜は悪い」という印象を与えないよう配慮し、自信をなくし始めた母親を元気づけ、新たな状況下で温かい家庭づくりに踏み出そうとするぼくの思いに焦点を当てたい。

4 本授業の展開

学習活動と主な発問等	●指導の手立て ◆板書の工夫
1 教師の家族の話題から自分の経験を想起し、その時の気持ちを話し合う（経験がない場合は、気持ちを想像させる）。	● 教師が子どもから「お手伝い券」をもらった話題を提供して話し合わせた後、使いきったら終わりなんて意味があるのかと問う。
家族とのかかわり方を考えよう	
2 教材「ぼくがいるよ」を読んで話し合う。 **Q1** お母さんの変化を知った「ぼく」は、どんな気持ちになっただろう。 **2-1** **Q2** 「ぼく」は、どんなことを考えて、お母さんと共同で料理することを提案したのだろうか。 **2-2** **Q3** 「ぼくがいるよ」と言う言葉には、どんな気持ちが込められているか。 **2-3**	● 自分の不安だけでなく、母親の落胆や不安に気付くぼくに着目させ、主発問につなぐ。 ● 自分の立場、母親の立場、家族の在り方等様々な視点で考えを深められるよう、グループでの話し合いを設定する。 ● 新たな家庭づくりに踏み出すぼくの思いを、母への手紙で書かせる。 ◆ 挿し絵を挟んで上段には母親への思い、下段にはぼくの自覚の高まりが表れるよう、児童の発言を整理する。
3 家族と助け合い、家族の役に立とうと行動していることを話し合う。	● 自分の生活を振り返り実践につなぐ。

家族とのかかわり方を考えよう

「ぼくがいるよ」

母への思い
・お母さん、かわいそう
・料理が好きなのに
　つらいだろうな
・お母さん、こまって
　いるんだろうな

・お母さんに元気出し
　てほしいな
・お母さんきっと料理
　したいんだろうな
・また、楽しく料理
　してもらいたいな

2-1

ぼくの心の声
・これからどうなる
　のだろう
・おいしい料理が
　もう食べられない
・こまったな

いっしょに料理を
作ろうよ

2-2

・今までお母さんを
　たよってばかりだっ
　たな
・今度はお母さんを
　助けられないかな
・ぼくにもできること
　があるはずだ

家族で
助け合って

・これからはもっと
　助けていくよ
・家族で力を合わ
　せればだいじょう
　ぶだよ

新しい日じょう

・いつもありがとう

2-3 ぼくがいるよ

家族の1人
としてできる
ことを

3

Q3 では、家族で料理をしている場面絵と「ぼくがいるよ」の吹き出しを提示し、ぼくの思いを板書する。さらに上段と下段の板書から、家族として大切なことを考えさせていく。

2

Q2 では、共同作業を提案する吹き出しとぼくのシルエットを提示する。シルエットのぼくの表情を想像しながらグループで話し合うことで、多面的・多角的に心情を捉えさせる。

1

Q1 では、母親から「料理の味とにおいがしなくなった」と告げられる場面絵を提示する。母親の不安や落胆に気付く主人公に着目させる。

常」はなくなったが、左の「新しい日常」が始まったことに気付かせる。

準備するもの・作り方

○ ワークシート
　💿 3-24-1
○ 場面絵
　💿 3-24-2、3
○ ぼくのシルエット

板書を生かして盛り上げる工夫

○ 時系列で主人公の心情を追いながら、上段に「母親への思い」、下段に「ぼくの自覚の高まり」を分けて書き、上段には家族の在り方、下段には家族の一員としての自覚の高まりが表れるように工夫する。
○ 左右の場面絵を対比し、右の「前と同じ日

評価のポイント

○ 日常が失われつつある中で、家族の一員として自覚を高めていくぼくの思いを様々な視点で考えている。
○ ぼくに自分を重ね、家族の一員として新たな家庭づくりに取り組んでいこうとしている。
○ 話し合い・発言・ワークシートから評価する。

3年 学校自まん集会

教材名

出典：廣あ

C5 よりよい学校生活、集団生活の充実 | 主題名 **学校のために自分ができることとは**

1 ねらい

学級や学校のよさを生み出すものについて理解を深め、みんなで協力してよりよい学級や学校をつくっていこうとする意欲を育てる。

2 教材の概要

主人公のぼくは新しい小学校に転校した。始業式の朝にいろんな人に元気に挨拶するお姉さんたちに驚かされる。そして、「学校自まん集会」では学校にはいろいろと自慢できることがあることを知る。ぼくはみんなの気持ちをつなげる挨拶を大事にしたいと気付く。

3 教材を生かすポイント

○ 学校を自慢する集会をより身近に感じることができるように導入では自分の学校の自慢できることを紹介し合う。
○ 自分たちの学校の自慢できることをふやす根拠を見つめさせるために「あいさつ」が自慢につながると気付いた僕に共感させる
○ 授業のまとめでは、教師が自分が考える学校のよいところを伝える。

4 本授業の展開

学習活動と主な発問等	● 指導の手立て　◆ 板書の工夫
1 自分たちの学校の自慢できることを発表し合い、本時のめあてを設定する。**1**	● 自慢できることを発表し合った後、「どうして自慢できるのか」と問いかけ、その根拠を追求していくことを提示する
どうしたら自慢できることってもっとふえるの？	
2 教材「学校自まん集会」を読んで話し合う。 **Q1** いろいろな人に大きな声で挨拶をしているお姉さんたちを見て、ぼくはどう思ったのだろうか。**2-1** **Q2** どうして「ぼく」はあいさつがみんなの気もちをつなげていると考えたのでしょうか。**2-2** **Q3** どうしたら自分たちの学校の自慢できることってふえるのだろうか。**2-3** **3** 自分たちは学校に対してどんなことができるのだろうか。	● 大きな声で誰にでも挨拶するお姉さんに驚くぼくに共感させ、学校の取り組みでも努力することの意味について考えさせる。 ● 一人一人の考える時間と内容を保障するためにワークシートに書かせる。 ◆ **Q1** とのつながりを感じ取れるように児童の意見を矢印でつなげる。 ● ワークシートに書いた後、自分の考えを広げるために意見を交流する。
4 自分たちの学校の自慢できることについて教師の話を聞く。	● 学校の自慢できる話を「人」「行事」「建物」など話合いの内容によって変えることができるように用意しておく。

3

Q3 では、学習をもとに実践につなげるため、赤色で枠組みするなど児童に視覚的に意識させる。矢印を使いながら思考を実践につなげる大切さに気付かせる。

2

Q2 では、ぼくに共感させながら、挨拶が自慢につながると気付いたぼくの考えを多様に引き出し、板書する。

1

導入では、自分たちの学校の自慢について板書する。「行動」「人物」「建物」など分類して書くとよい。そこからめあてへとつなげていく。

準備するもの・作り方

○ ワークシート
　　💿 3–25– 1
○ 登場人物の絵
　　💿 3–25– 2
○ 学校の写真

板書を生かして盛り上げる工夫

○ 学校の様子を振り返るために ICT を活用する。校舎や先生、委員会活動や学習の様子など、様々な写真を見せ、学校のよさを多様に引き出す。

評価のポイント

○ 自分たちの「学校の自まん」はどうしたら増やすことができるのかを「人への思い」や「学校への思い」などいくつかの視点で考えている。

○ 自分が通っている学校で、集団の一員としてどんなことができるのかを具体的に考えている。

○ 発言・ワークシート・話し合いでの様子で評価する。

教材名

ふろしき

出典：廣あ、日文、光村

C6 伝統と文化の尊重、国や郷土を愛する態度 | **主題名** 昔から日本に伝わる物のよさとは

1 ねらい

ふろしきを通して、昔から伝わる道具のよさや受け継がれている意義について考え、日本の伝統や文化を大切にしていこうとする心情を育てる。

2 教材の概要

昔から使われているふろしきの使い方を母から教えてもらったわたしは、ふろしきがいかに便利なものであるかを理解する。ふろしきの語源も教わる中で、わたしはそのよさを友達にも伝え、違った使い方がないか、自分なりに考えていこうという思いをもつ。

3 教材を生かすポイント

○ 本教材では、日本の伝統文化の象徴として、児童の身近にあるふろしきを題材としている。授業では実際にふろしきを用いて体験することで、そのよさや意義をより深く考えさせたい。

○ 本学習を通して、他の日本の伝統や文化にも目を向けさせていく。

4 本授業の展開

学習活動と主な発問等	● 指導の手立て ◆ 板書の工夫
1 実際のふろしきから、日本の伝統であることを理解し、一時間のめあてをもつ。	● 児童にふろしきを提示した後、ふろしきが昔からあることについての問いをもたせ続けるためにふろしきを貼る。
どうしてふろしきは今も使われているのだろうか。	
2 教材「ふろしき」を読んで話し合う。 **Q1** わたしはお母さんの実演会を見ていてどんなことを思ったのだろうか。 **2-1** **Q2** わたしはどうしてふろしきの使い方について友達と話し合おうと思ったのだろうか。 **2-2** **Q3** ふろしきはどうして今も使われているのだろうか。 **2-3** **3** 自分がこれからも大切にしていきたい日本の伝統や文化について考える。	● より「わたし」の気持ちについて考えることができるように実際に実演する。 ● 日本の伝統や文化について興味をもちはじめたわたしの気持ちを考えさせる。 ● ふろしきが便利であるという理由だけではなく、相手を思う気持ちもあることに気付かせる。 ◆ 黒板の真ん中にめあてについての考えを書く。 ● ワークシートに書かせる。大切にしていきたい根拠も書かせる。
4 日本の伝統や文化について教師の話を聞く。	● 教師が日頃から大切にしている日本古来の物や行事について話をする。

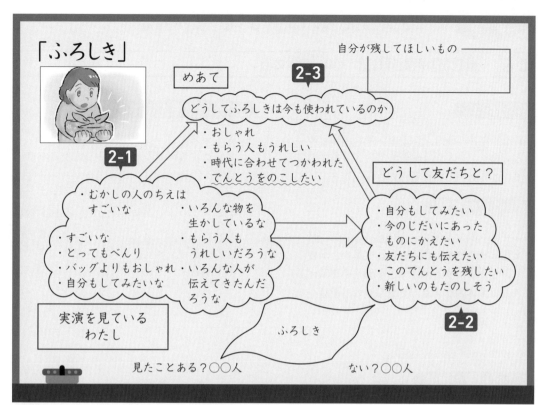

「ふろしき」

めあて

2-3 自分が残してほしいもの

どうしてふろしきは今も使われているのか

・おしゃれ
・もらう人もうれしい
・時代に合わせてつかわれた
・でんとうをのこしたい

2-1

・むかしの人のちえは
　すごいな
・いろんな物を
　生かしているな

・すごいな
・とってもべんり
・バッグよりもおしゃれ
・自分もしてみたいな

・もらう人も
　うれしいだろうな
・いろんな人が
　伝えてきたんだ
　ろうな

どうして友だちと？

・自分もしてみたい
・今のじだいにあった
　ものにかえたい
・友だちにも伝えたい
・このでんとうを残したい
・新しいのもたのしそう

2-2

実演を見ている
わたし

ふろしき

見たことある？○○人　　　　　　　　　ない？○○人

1

導入で提示したふろしきとめあてを黒板に貼る。ふろしきは下に貼ることによって、めあてについての児童の考えを書くスペースを確保する。

2

Q1 では、ふろしきの便利さについて感動している「わたし」の気持ちを板書していく。「便利さだけ」と問い返し、伝統や文化の継続性についても気づかせる。

3

Q2 ではふろしきのよさに気付いたわたしが、どうしてそのよさをさらに生かしていこうと思ったのかを追求していく。そこには伝統や文化を大切にする思いがある。

準備するもの・作り方

○ ワークシート
　💿 3-26-1
○ ふろしき（大きめのもの）
○ 登場人物の絵
　💿 3-26-2

板書を生かして盛り上げる工夫

○ Q1から Q2にかけて、大きな矢印を書き、わたしの思いがつながっていることを視覚的に捉えさせる。
○ 伝統や文化が昔から伝わる理由について様々な考えを黒板の中央に書くことによって、児童がめあてに迫るようにする。

評価のポイント

○ ふろしきが受け継がれてきている根拠について、体験も含め「人の思い」や「ファッション」「伝統」などの多面的な視点で考えている。
○ 自分が残していきたい伝統や文化を想起し、どうして残していきたいのか、自分はそれらとどう接していくのかについて考えている。
○ 発言・体験での様子・ワークシート等で評価する。

3年

教材名
「おもてなし」ってなあに

出典：日文

C 6 伝統と文化の尊重、国や郷土を愛する態度 　主題名 **日本の心**

1 ねらい

　日本には「おもてなし」の伝統、文化があることを知り、日本の文化のすばらしさを大切にしていこうという心情を育てる。

2 教材の概要

　ドイツ人のラルフは、日本の「おもてなし」の文化に触れ驚く。相手のことを思い、求められている仕事に加えて、相手を思う心を添える日本人の具体的な「おもてなし」の場を紹介する。

3 教材を生かすポイント

○ 導入において、オリンピック、パラリンピック招致のプレゼンテーションの動画を見せ、「おもてなし」というキーワードをおさえる。
○ ドイツ人ラルフの視点に立ち、外国人が日本のおもてなし文化のどんなことに驚いているのか考えさせ、日本の文化のよさについて味わう。

4 本授業の展開

学習活動と主な発問等	● 指導の手立て　◆ 板書の工夫
1 東京オリンピック、パラリンピック招致の際に話題になった言葉「おもてなし」について知る。	● プレゼンテーションの動画を見せ、「おもてなし」という言葉のイメージをもたせる。
2 教材「おもてなしってなあに」を読んで話し合う。	● 場面絵を提示し、教材の内容が視覚的に捉えられるようにする。
「おもてなし」の心について考えよう	
Q1 ラルフさんは、どんなことに驚き、どんなことに喜んでいるのでしょう。 **2-1** **Q2** タクシー運転手、新幹線の清掃員、和食店の主人は、どんなことを考えながら働いているのでしょう。 **2-2** **Q3** 「おもてなし」の心とは、どんな心でしょう。 **2-3** **3** 他の「おもてなし」の場を見つけ話し合う。	● 外国人が感じたことがおもてなしであり、日本の文化であることをおさえる。 ● おもてなしの具体的な出来事をもとに、おもてなしをしている人々の気持ちを考えさせる。 ◆ 「おもてなし」を中心に提示し、周囲に児童から出たおもてなしの文化を記述していく。
4 自分にできる「おもてなし」について考える。	● 「おもてなし」の気持ちは、相手のことを考えた最上級の心遣いであることに気付かせる。

3

Q3 では、本時のテーマ「おもてなしの心について考えよう」の短冊を移動し、教材を通し考えたことをまとめ、日本のよさを考える。

2

Q2 では、「おもてなし」の文字を中心に貼付する。「おもてなし」を生む心という意味で、「心」の文字も貼付する。

1

教師の範読に合わせて場面絵を提示する。資料が手元になくても、内容の大体がつかめるようにしておく。場面絵の提示は、範読する教師とは別の人が望ましい。

に記入し、「おもてなし」の文字の周囲に貼付する。

準備するもの

○ ワークシート
　🔘 3 –27– 1
○ 場面絵
　🔘 3 –27– 2 ～ 4
○ 「おもてなし」「心」の短冊
○ ホワイトボード（グループ用）

板書を生かして盛り上げる工夫

○ 「おもてなし」の文字は毛筆にし、雰囲気を出す。
○ 日本の「おもてなし」の文化について、グループで話し合ったことをホワイトボード

評価のポイント

○ グループでの話合いにおいて、意識していなかった日本のよさに気付いている。
○ 自分自身ができる「おもてなし」には、どういうことがあるか考えている。
○ 話合いの様子・発言・ワークシート等から、評価する。

3年 教材名 海をわたるランドセル

出典：光文

C7 国際理解、国際親善 ｜ 主題名 他の国の人々とのつながり

1 ねらい

他の国の人々の生活や文化に関心をもち、親しみをもって関わろうとする心情を育む。

2 教材の概要

あやかは、姉が、自分の使ったランドセルをアフガニスタンへ送ろうとしているところに出くわす。姉に誘われ、ランドセルを送るボランティア活動に参加し、世界には学校に通いたくても通えない子がいることを知る。ランドセルを受け取った子どもたちの笑顔の写真を見て、ランドセルを大切に思う気持ちは同じであると気付く。

3 教材を生かすポイント

○ 小学生のあやかと、歳が同じくらいの他国の子どもたちが「ランドセル」を通して関わり合うという、他国の人々との交流を身近に捉えることのできる教材である。

○ 他国の生活や文化と日本との相違点を明らかにするとともに、人々の思いには共通するものがあるということに気付かせ、他国の人々とのつながりに目を向けさせていく。

○ 国際理解や国際親善の大切さを、自我関与をもとに考え深めていけるよう、他国の人々と親しく関わろうとする「心」についてじっくりと話し合わせる。

4 本授業の展開

学習活動と主な発問等	●指導の手立て ◆板書の工夫
1 ランドセルを大切に思う気持ちについて話し合う。	● 児童のランドセルに対する気持ちや思い出を話し合い、教材への導入を図る。
2 教材名と、アフガニスタンという国の様子を知る。 **2-1**	● 教材名を板書し、外国の児童たちが出てくる話であることを知らせた上で、アフガニスタンという国を紹介する。
他の国の人々とのつながりについて考えよう	
3 教材「海をわたるランドセル」を読んで話し合う。 **Q1** あやかは、アフガニスタンの子どもたちの生活を知り、どんなことを考えたのでしょう。 **3-1** **Q2** ランドセルをうれしそうに抱える子どもたちの写真を見て、あやかはどんなことを考えたのでしょう。 **3-2** **4** 他の国の人たちとつながっていくために、どんな気持ちを大切にしたいかを考え、話し合う。	● 児童の発言から、学校に通えない子どもがいることを明らかにし、日本と違いがあることに目を向けさせる。 ◆ 地図を中心にし、日本とアフガニスタンとの共通点や相違点を矢印で繋ぎながら板書し、その関わりを視覚的に示す。 ● ランドセルを通して、6000km離れた国の子ども同士が繋がっていることや、共通する思いがあることに気付かせる。 ● ワークシートに自分の考えを書く。小グループの話合い活動等も取り入れたい。
5 教師の話を聞く。	● 外国の人との関わりについての、教師の体験談を話す。

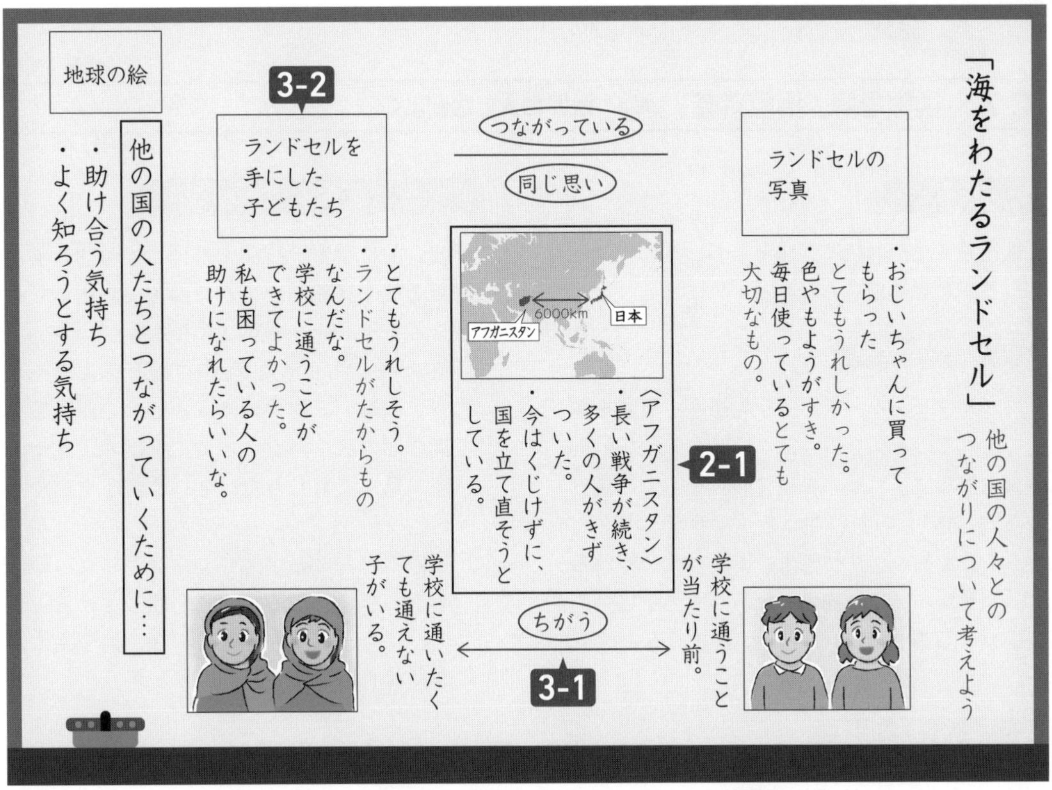
「海をわたるランドセル」
他の国の人々とのつながりについて考えよう
ランドセルの写真
・おじいちゃんに買ってもらったとてもうれしかった。
・色やもようがすき。
・毎日使っているとても大切なもの。
学校に通うことが当たり前。
2-1
〈アフガニスタン〉
・長い戦争が続き、多くの人がきずついた。
・今はくじけずに、国を立て直そうとしている。
つながっている
同じ思い
6000km
日本
アフガニスタン
ちがう
3-1
学校に通いたくても通えない子がいる。
3-2
ランドセルを手にした子どもたち
・とてもうれしそう。
・ランドセルがたからものなんだな。
・学校に通うことができてよかった。
・私も困っている人の助けになれたらいいな。
他の国の人たちとつながっていくために…
・助け合う気持ち
・よく知ろうとする気持ち
地球の絵

1

Q1 では、地図をはさんで左右に子どもの絵を貼り付ける。児童の発言から、日本とアフガニスタンとの生活に違いがあることを明らかにし、双方向の矢印で示す。

2

Q2 では、写真資料をもとに、それを見たあやかの気持ちを話し合う。ランドセルについて共通した気持ちがあることに気付かせ、左右を線で結び、二つの国のつながりを視覚的に示す。

3

価値について自我関与をもとに考えを深めていけるよう、ワークシートに考えを書いた上で、グループで話し合う。それを全体で共有し、板書する。

準備するもの・作り方

○ ワークシート
3 –28– 1
○ 挿し絵と写真資料
3 –28– 2 ～ 4

板書を生かして盛り上げる工夫

○ 地図を中心に日本とアフガニスタンを左右に配置し、共通点や相違点とともに、そのつながりを視覚化して示す。自己の考えの深まりをねらう場面では、地球の絵を提示することで、児童が広い視野から考えを深める一助としたい。

評価のポイント

○ ランドセルに対するあやかの思いや考えについて、話し合いを通して多面的・多角的に考えている。
○ 他の国の人々とつながっていくために大切なことについて考えを深めている。
○ 中心発問における発言・ワークシートの記述により評価する。

3年 教材名 マサラップ

出典：光村

C7　国際理解、国際親善　| 主題名　世界の人となかよく

1　ねらい

他国の文化や伝統に興味をもち、進んで親しもうとする意欲を高める。

2　教材の概要

フィリピンから来たリサ先生が、英語を教えてくれることになる。ぼくはリサ先生の歓迎給食に出るフィリピン料理に興味をもち、調べると、「おいしい」のことを「マサラップ」と言うことを知る。リサ先生に料理の味を尋ねられ「マサラップ」と答えると、リサ先生に通じる。ぼくはリサ先生ともっと話してみたくなる。

3　教材を生かすポイント

○ 総合的な学習の時間や外国語の時間に学んだことや経験したことを導入で想起させることで、本時の学習の意欲付けとしたい。
○ 終末で、ALTによる自国の素晴らしさや日本との違い、他の国の人々との心温まる交流などの話を聞くことで、他国の文化や伝統に進んで親しみたいという関心を高めたい。
○ 他の国の人と心が近づく喜びや、互いの国のことを理解する大切さを感じさせるために、ぼくとリサ先生がこの後、何を話すかを役割演技で考えさせる。

4　本授業の展開

学習活動と主な発問等	●指導の手立て　◆板書の工夫
1 総合的な学習の時間や外国語の授業のことを想起し、問題意識をもつ。 **1**	◆総合的な学習の時間等で外国について学んだこと等の写真を掲示し、児童が想起しやすくする。
他の国の人たちとなかよくするために大事なことは何だろう。	
2 教材「マサラップ」を読んで話し合う。 **Q1** 他の国のことを調べていろいろなことが分かったときはどんな気持ちになるだろう。 **Q2** 他の国の人に話しかけようとするとき、どんな気持ちになるだろう。 **2-1** **Q3** 相手と心が近づいたらどんなことを話したいか。（役割演技） **2-2** **3** 他の国の人たちとなかよくするために必要なことを一人一人考える。	●教材を基に課題について話し合うことを児童に知らせる。 ●他の国の文化や伝統を初めて知ったときの気持ちを想起させる。 ●他の国の人と仲よくしたくても言葉や文化の違いが妨げになることがあることに気付かせる。 ●心が通じる喜びや今まで以上に相手の国のことを知りたくなる思いを感じ取れるようにする。
4 ALTの話を聞く。	●自国の文化や心温まる交流などの話を聞くことで他の国の文化等に進んで親しもうとする意欲をもたせる。

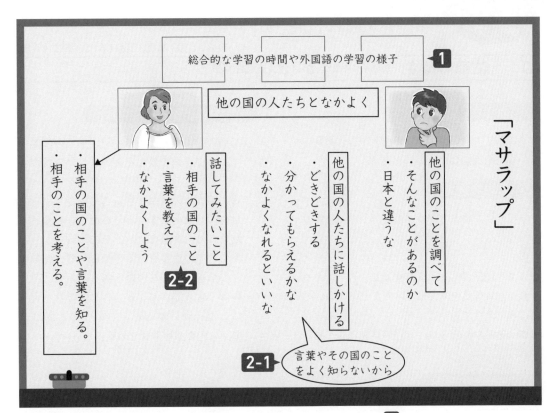

3

Q3 では、役割演技の中で出された、心が通じる喜びや今まで以上に相手の国のことを知りたくなる児童の思いを板書する。

2

Q2 では、他の国の人に話しかけるときに児童が感じる気持ちを板書しながら、言葉や文化の違いが互いに仲よくする妨げになることに気付かせる。

1

導入では、総合的な学習の時間や外国語で学んだことや学習内容を掲示し、「どうしたら他の国の人となかよくくなれるか」という課題意識を児童がもつことができるようにする。

一人が課題に対する自らの考えをまとめることができるようにする。

準備するもの・作り方

○ ワークシート
　💿 3-29-1
○ 登場人物の絵
　💿 3-29-2、3
○ 役割演技で活用するお面

板書を生かして盛り上げる工夫

○ 導入で、総合的な学習の時間や外国語で学んだことや学習内容を掲示することで、児童が話合いで「どうしたら他の国の人となかよくなれるか」という課題を意識できるようにする。また、授業の後半で児童一人

評価のポイント

○ 他の国の人となかよくなるために大事なことを考えるとき、自分のこととして捉えて考えている。
○ 他の国の人との交流を妨げる要素について、話し合いから多様に捉えている。
○ 発言、役割演技の参加や視聴の様子、ワークシートへの記述で評価する。

3年 教材名 ヒキガエルとロバ

出典：学図、教出、廣あ（4年）、日文（4年）

| D1 | 生命の尊さ | 主題名 | かけがえのない命 |

1 ねらい

かけがえのない命の尊さを感じ取り、命あるもの全てを大切にする心情を養う。

2 教材の概要

学校の帰り道、アドルフたちは一匹のヒキガエルを見つけ、石を投げつける。そこに、荷車を引いたロバがやってくる。ロバは傷ついたヒキガエルに気付くと、立ち止まり、ムチでたたかれながらも足をふんばり、ヒキガエルのいるくぼみをよけて通り過ぎていく。一部始終を見ていたアドルフたちは、ロバの行動に心を動かされる。

3 教材を生かすポイント

○ 場面の構成がわかりやすく、主人公ピエールたちの心情の変化を追いやすい教材である。

○ ヒキガエルの生命を軽んじていたピエールたちの行動と、その小さな命を守ろうとしたロバの行動とを比べ、そこからピエールたちの心の変容を考えさせる。どんなに小さな生き物にも尊い命があることや、一生懸命に生きていること、そしてそれを大切にしなければならないということについて、考えを深めさせていく。

4 本授業の展開

学習活動と主な発問等	●指導の手立て ◆板書の工夫
1 生き物を飼った経験について話し合う。	● これまでの経験をもとに「命」に目を向けさせ、ねらいとする価値への方向付けを図る。
命の大切さについて考えよう	
2 教材「ヒキガエルとロバ」を読んで話し合う。 Q1 アドルフたちはどんな気持ちで、ヒキガエルに石を投げつけていたのでしょう。 2-1 Q2 傷ついたヒキガエルを見たロバは、どんなことを思っていたのでしょう。 2-2 Q3 去っていくロバの姿を見つめながら、アドルフたちはどんなことを考えていたのでしょう。 2-3 3 自分の経験を振り返り、命の尊さやすばらしさに感動したことについて話し合う。	● アドルフたちが、ヒキガエルの命を軽んじていることを明らかにする。 ◆ ヒキガエルのことを心配し、尊い命を守りたいというロバの思いを、アドルフたちの行動と対比して板書する。 ● どんな命もかけがえのないものであることや、どんな生き物も一生懸命に生きていること等、尊い命を慈しむ心情を多面的・多角的に見つめ、考えを深めさせていく。 ● ワークシートに書き、話し合わせる。
4 教師の話を聞く。	● 命がかけがえのないものだと実感した、教師の体験談を話す。

3

Q3 では、ロバの姿を見つめるアドルフたちの心の変容を話し合っていく。どんな生き物にも大切な命があることや、一生懸命に生きていること等について、考えを深めさせたい。

2

Q2 では、場面絵を下部に提示し、アドルフたちとロバのヒキガエルに対する思いの違いを視覚的に示す。さらに、矢印で対比させ、違いを捉えさせる。

1

Q1 では、場面絵を上部に提示する。アドルフたちがヒキガエルの命を軽んじている心情を明らかにし、吹き出しで囲んで板書するとともに、キーワードを、色を変えて書く。

準備するもの

○ ワークシート
　🔵 3 –30– 1
○ 場面絵
　🔵 3 –30– 2 ～ 6

板書を生かして盛り上げる工夫

○ 傷ついたヒキガエルのか弱い命を慈しみ、守ろうとしたロバの心情を吹き出しにまとめ、対比して示すことで、アドルフたちの心の変容を捉えやすくする。

評価のポイント

○ 自分たちが奪おうとした命を守ったロバの姿から、アドルフたちが何に気付いたのかを、多様な意見のもと多面的・多角的に考えている。
○ 命の尊さやすばらしさに感動した経験を問うことで、身近にある命の尊さを見つめ、道徳的価値を自分との関わりで捉えている。
○ 中心発問における発言・ワークシートの記述により評価する。

いのちのまつり（ヌチヌグスーチ）

出典：光文、光村、東書、学図（4年）

D1　生命の尊さ
主題名　つながっているいのち

1　ねらい

命は先代から受け継いでいることを知り、命を大切にしようとする心情を育てる。

2　教材の概要

コウちゃんは、初めて訪れた島で、ご先祖様に「ありがとう」と伝える独特の墓参りに驚く。おばあさんから「数えきれないご先祖様の誰一人欠けてもぼうやは生まれてこなかった。ぼうやのいのちはご先祖様のいのち」と言われ、コウちゃんは、いのちがつながっていることやいのちのすばらしさに気付き、空に向かって「ありがとう」と手を振る。

3　教材を生かすポイント

○ 沖縄のお墓参りの動画や写真を見せ、一般的なお墓参りと沖縄のお墓参りの違いを知ることで、本時の学習に興味・関心をもつことができるようにする。

○ いのちがつながっていることを、視覚的に感じ取ることができるように、黒板に拡大した場面絵を貼り、主人公のご先祖様を実際にたどる。

○ お墓参り＝死ではなく、ご先祖様への感謝、自分の命のありがたさの実感につながるよう、温かく明るい雰囲気で授業を行う。

4　本授業の展開

学習活動と主な発問等	●指導の手立て　◆板書の工夫
1 沖縄のお墓参り（清明祭・シーミー）の動画（写真）を見て、何をしているところか話し合う。	●本時の教材や学習内容に興味関心をもつことができるようにする。
いのちについて考えよう	
2 教材「命のまつり」を読んで、話し合う。 Q1 島のお墓参りを見た時、コウちゃんはどんなことを考えただろう。 2-1 Q2 おばあさんの話を聞いて、コウちゃんはどんなことを考えただろう。 2-2 Q3 コウちゃんは、どんな気持ちでご先祖様に「いのちをありがとう」言ったのだろう。 2-3 3 今日の学習で、考えたことをまとめる。	●教材の雰囲気（方言）を大事にするために、デジタル教科書で教材提示を行う。 ●導入での思いを重ねてコウちゃんの気持ちを考える。 ◆場面絵を提示し、実際にご先祖様をたどり、ご先祖様がいなかったらぼくは生まれていないことを理解できるようにする。 ●自分の命は多くの命とつながっていることから、命の大切さについて考えるようにする。 ●自分の考えを整理できるよう、ワークシートに書く。
4 命のつながりに関する歌を聴く。	●歌詞に注目して聞き、本時で感じたことを実感できるようにする。

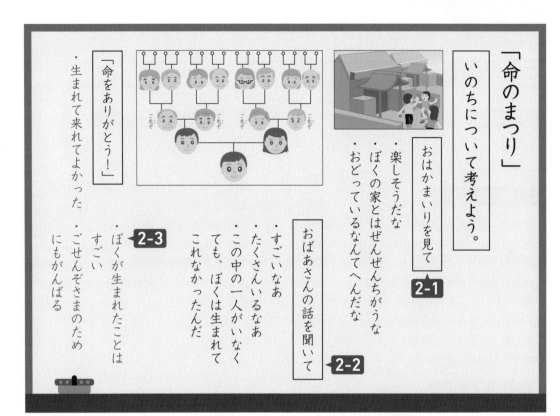

「命のまつり」

いのちについて考えよう。

おはかまいりを見て
2-1

・楽しそうだな
・ぼくの家とはぜんぜんちがうな
・おどっているなんてへんだな

おばあさんの話を聞いて **2-2**

・すごいなあ
・たくさんいるなあ
・この中の一人がいなくても、ぼくは生まれてこれなかったんだ

2-3

・ぼくが生まれたことはすごい
・ごせんぞさまのためにもがんばる

「命をありがとう！」

・生まれて来れてよかった

3

Q3 では、主人公がどのような気持ちでご先祖様に「命をありがとう」と言っているのか、その意味を具体的に考えることを通して、命のつながりについて考えるようにする。

2

Q2 では、黒板の中央に拡大した場面絵を貼り、主人公のご先祖様の数を実際にたどる。具体的な活動を通して、命はたくさんの命とつながっていることを実感できるようにする。

1

Q1 では、場面絵を提示し、見たこともないお墓参りを見たぼくが抱いた自然な気持ちを考えるようにする。

ができるよう、デジタル教科書の読み聞かせによる教材提示を行う。

準備するもの・作り方

○ ワークシート
　🔘 3 –31– 1
○ 沖縄のお墓参りの動画または写真
○ 場面絵
　🔘 3 –31– 2 、3
○ CD

ICT の活用

○ 教材や学習内容に興味関心をもつことができるよう、導入で沖縄のお墓参りの様子の動画を活用する。
○ 沖縄の雰囲気（方言など）を感じ取ること

評価のポイント

○ 主人公がご先祖様に「いのちをありがとう」と言った時の気持ちを考えることを通して、つながっているいのちについて多面的・多角的に考えている。
○ 学習の振り返りを通して、自分の命を大切にしようと考えている。
○ ワークシートの記述内容・発言やつぶやきの様子を把握する。記述や発言がなかった児童は個別に聞き取りをして評価する。

3年 大自然のお客さん

出典：廣あ

D2 自然愛護	主題名 生き物にとっての幸せとは

1 ねらい

動植物を守るためにできることを考え、動植物を大切にしようとする心情を育てる。

2 教材の概要

港にゴンドウクジラが迷い込んできた。漁師たちはなんとか逃がそうとするものの、クジラは出ていく気配もなく、いつの間にか「ゴンちゃん」と呼ばれる港の人気者になった。

港の人は、えさをあげたり、出産を見守ったり、病気の治療をしたりと愛情いっぱいに世話をするが、ゴンちゃんの幸せを考え、別れを惜しみつつも、海へ帰す。

3 教材を生かすポイント

○ 自分が飼っている犬や猫などのペットについて、どんな気持ちで世話をしているかを振り返り、自分の体験に重ねて共感的に考えさせていく。

○ 動植物にとっての幸せを考えさせ、自分たちにできるをしようとする心を育む。

○ ゴンドウクジラの写真を提示し、実話の重みを実感しつつ、実際の問題として考えさせていく。

4 本授業の展開

学習活動と主な発問等	●指導の手立て ◆板書の工夫
1 動物の世話をしたことがありますか。どんな気持ちでお世話をしていますか。	● 本時のねらいに迫るため、「動物は『自然の中で生活したいなあ』とは思っていないのかな？」と投げかける。
動物にとっての幸せとはどんなことだろう。	
2 教材「大自然のお客さん」を読み、話し合う。 **Q1** 港の人たちは、人気者のゴンちゃんのお世話している時、どんな気持ちだったでしょう。 2-1 **Q2** 港の人たちは、なぜ「ゴンちゃんを帰そう」と思ったのしょう。 2-2 **Q3** 港の人は、ゴンちゃんを見送りながらどんなことを考えたでしょう。 2-3 **3** 動物を幸せにするために、どんなことができるだろう。	● ゴンドウクジラの写真を提示し、実話であることを話す。 ● ゴンちゃんの命を何とか助けたいと思う気持ちをとらえさせる。 ◆ 一緒にいたいが、ゴンちゃんの幸せを考えて海に帰そうと決めた港の人たちの気持ちを深く考えさせる。 ● 自分の考えを整理することができるよう、ワークシートに書く。
4 教師の説話を聞く。	● 保護犬や、動物の殺処分問題などについての本を紹介する。

板書

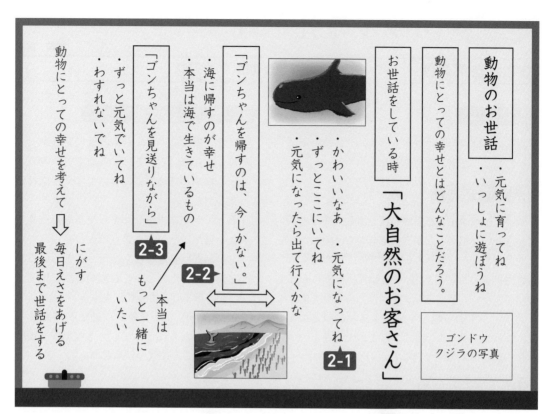

動物のお世話
・元気に育ってね
・いっしょに遊ぼうね

動物にとっての幸せとはどんなことだろう。

お世話をしている時

「大自然のお客さん」

ゴンドウクジラの写真

2-1
・かわいいな ・元気になってね
・ずっとここにいてね
・元気になったら出て行くかな

2-2
「ゴンちゃんを帰すのは、今しかない。」
本当は もっと一緒にいたい
・海に帰すのが幸せ
・本当は海で生きているもの

2-3
「ゴンちゃんを見送りながら」
・ずっと元気でいてね
・わすれないでね

動物にとっての幸せを考えて
⇒
にがす
毎日えさをあげる
最後まで世話をする

---

3 **3** では、ゴンちゃんだけでなく、飼っている動物などに一般化し、生き物を幸せにするために自分はどんなことができるか、自分事として具体的に考えさせる。

2 **Q2** では、場面絵を提示し、ゴンちゃんをかわいがっているが、海に帰そうと葛藤する港の人たちの心情を考えることを通して、ゴンちゃんにとって何が幸せかを考えさせる。

1 **Q1** では、場面絵を提示し、ゴンちゃんにえさをあげたり、出産を見守ったり、病気の治療をしたりと、たっぷりと愛情を注いでいる港の人たちの心情を考えさせる。

準備するもの・作り方

○ ワークシート
　　3-32-1
○ ゴンドウクジラの写真
○ 場面絵
　　3-32-2、3

板書を生かして盛り上げる工夫

○ 実際の話として考えるよう、ゴンドウクジラの写真を提示する。
○ 世話をしてかわいがる一方で、海に帰そうとする港の人たちの心情を分けて板書し、児童が考えを比較できるようにする。

評価のポイント

○ 港の人たちのゴンちゃんに対する愛情、一緒にいたいが、海に帰そうとする心情、ゴンちゃんにとっての幸せを考える心情などを多面的・多角的に考えている。
○ 動物を幸せにするために、自分はどんなことをしてあげられるかについて、自分の事として考えている。
○ ワークシートの記述内容・発言やつぶやきの様子から評価する。記述や発言がなかった児童は、個別に聞き取りをして評価する。

3年 教材名 ホタルの引っこし

出典：東書

D2　自然愛護	主題名　自然を大切に

1　ねらい

　自然のすばらしさに気づき、進んで動植物を大切にしようとする態度を養う。

2　教材の概要

　ホタルが飛ぶ小さな川での話である。昔はとてもきれいな川だったが、数年前から洗濯した水や農薬などが流れ込むようになり、川の生き物たちは困っている。「引っ越しだ。もう、がまんできない」というドジョウたちの意見を聞き、ホタルも引っ越しを決断する。次の日の夜、これまで見たこともないほどのたくさんのホタルが、川上の方へ飛んでいく。

3　教材を生かすポイント

○ 異常気象によって、日本各地で災害が引き起こされている。そのような中で、身近なところから自然環境について考える題材は意義が大きい。

○ ホタルが光を輝かせながら夜空を舞う美しさを見たことがある児童は少なくなっている。写真や映像などを活用し、美しい自然を大切にしたいという言葉が自然に児童の口から出てくるように工夫する。

○ 人間の身勝手な行動が、動植物にとっても、自分たちにとっても大きな影響を及ぼしていることに気づかせたい。

4　本授業の展開

学習活動と主な発問等	●指導の手立て　◆板書の工夫
1 ホタルの写真を見て、ホタルの生態やホタルの生息地が全国で減少していることを知る。**1**	● ホタルは、きれいな水に住み、その生息地が減少していることを押さえ、自然環境に対する問題意識を高め、課題設定につなげる。
身近な自然を大切にするために、自分たちは何ができるだろうか。	
2 教材「ホタルの引っこし」を読んで話し合う。 **Q1** 川に悪い水が流れてくるようになったとき、生き物たちはどんなことを考えただろう。**2-1** **Q2** ホタルや魚たちはどんな気持ちで引っ越していったのだろうか。**2-2**	◆ ホタル、カメ、ドジョウの気持ちや考えを吹き出しの中に書くことで、生き物たちの気持ちに寄り添って考えられるようにする。 ● 「ホタルは、本当は引っ越しをしたかったのだろうか」「なぜ、ホタルたちが住めないような場所になってしまったのだろうか」と補助的に問いかけ、人間の身勝手な行動が生き物の住む場所を奪っていることに気づかせる。
3 身近な自然を大切にするために、自分たちができることについて考える。	● 課題について再度考えさせることで、自己の生き方とつなげて考えさせる。
4 地域で取り組んでいる自然保護の取り組みを紹介する。	● できるだけ児童の身近な取り組みを紹介する。

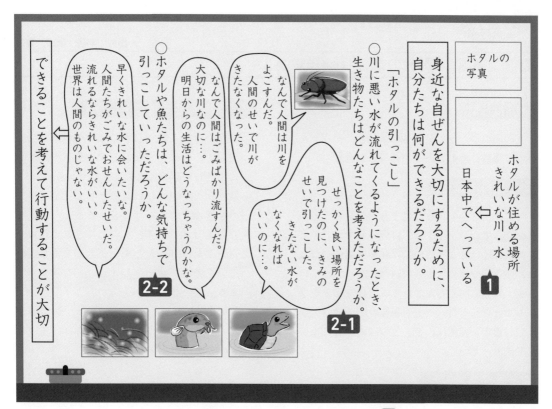

3

Q2 では、ホタルや魚たち
がどんな気持ちで引っ越し
ていったのか考えさせ、人
間の身勝手な行動が生き物
の住む場所を奪っているこ
とに気づかせる。

2

Q1 では、川の登場人物を
提示し、川に悪い水が流れ
てくるようになったときの
様々な生き物たちの気持ち
に心を向けさせ、吹き出し
に書く。

1

導入では、ホタルの写真を
提示する。写真を見た感想
や実際にホタルを見た経験
を写真の下に書く。ホタル
の生息地が減っていること
を伝え、本時の課題を大き
く明示する。

準備するもの・作り方

○ ワークシート
　💿 3 –33– 1
○ ホタルの写真
○ ホタル・カメ・ドジョウの絵
　💿 3 –33– 2 ～ 5

板書を生かして盛り上げる工夫

○ 教材を読んで心情を考えさせたい登場人物
　を挿絵で確認する。
○ 挿絵に吹き出しをつけることで、どの児童
　にとってもどの場面について考えているの
　か理解しやすいようにする。

評価のポイント

○ **Q2** の発問を通して、人間の身勝手さや無
　知なる行動が自然を破壊していることに気
　づいている。
○ 身近な自然を大切にするために、自分たち
　ができることを具体的に考え、今後の生き
　方について考えている。
○「身近な自然を守るために、自分たちは何
　ができるのか」について考えている。
○ 発言・ワークシート・話し合いの参加の様
　子で評価する。

3年 教材名 幸福の王子

出典：学研、学図、東書

D3　感動、畏敬の念　| 主題名　心の美しさ

1　ねらい

人の心の美しさ、気高さに気付き、そうしたものに素直に感動しあこがれる心を育む。

2　教材の概要

町の広場に金や宝石に包まれた美しい王子の像が立っている。王子は、自分の金や宝石を貧しい人に届けるよう南の国に向かう途中のつばめに頼む。つばめは王子の願いどおり届け続けるが、寒さに凍え死んでしまう。飾りがなくなりみすぼらしくなった王子の像もついには、崩れてしまう。天使は、王子とつばめを胸に抱いて天に昇っていく。

3　教材を生かすポイント

○ 科学が万能と錯覚しかねない今日の社会において、目に見えない心の美しさや気高さに出会わせる機会は大変重要である。

○ なぜ、天使が美しいものとして王子とつばめを選んだのかを考えさせることで、人の心の美しさや気高さを感じられるようにする。また、町の人と天使が考える美しさの違いを考え、話し合わせることも効果的である。

○ 人の心の美しさを考える場合、つばめがとった行動が善良な、自らの喜びに基づくものであることを捉えさせる。

4　本授業の展開

学習活動と主な発問等	● 指導の手立て　◆ 板書の工夫
1 児童が美しいと感じるものを自由に発言し、本時の主題に関わる問題意識をもつ。	● 児童が感じる美しいものを物、自然、人の心等に整理し、本時は心の美しさを学習することを意識させる。
2 教材「幸福の王子」を読んで話し合う。	● 教材の中の美しさに視点をあてて聞くよう指示する。
天使はなぜ、王子とつばめをだいて天に昇ったのだろう。	
Q1 王子とつばめ、それぞれの美しさとは何だろうか。 **2-1**	● 王子とつばめの美しさを話し合い、共通点にも目を向けさせる。
Q2 王子やつばめは幸せだったのだろうか。 **2-2**	● 人のために尽くすことが、自分の喜びにつながっていることに気付かせる。
Q3 天使と町の人の考える美しさの違いはなんだろう。 **2-3**	● 町の人の捉え方にふれることで、心の美しさへの気付きを促す。 ◆ 天使と町の人の考えの違いが分かるように対比して板書する。
3 今日の学習を振り返り、心の美しさについて学んだことを書く。	● 学習前と学習後の美しさの感じ方の違い等をワークシートに書かせる。
4 心の美しさについて教師の説話を聞く。	● 教師の感動体験を話し、心の美しさに対するあこがれをもてるようにする。

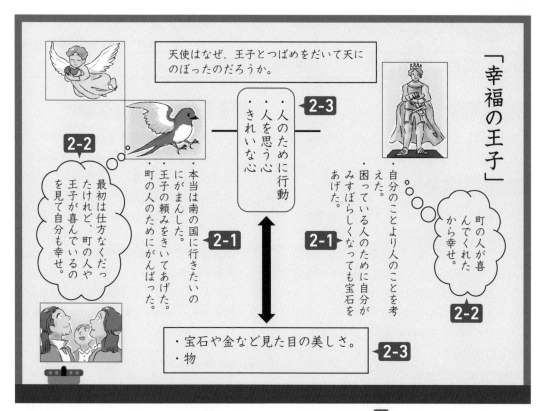

3

Q3 では、天使と町の人の美しさについての感じ方を黒板の上下に板書することで、その違いが鮮明になるようにし、人の心の美しさに気付かせていく。

2

Q2 では、王子とつばめが本当に幸せだったかを吹き出しの形で板書することで、両者とも人のためにすることが自分の喜びになっているということを強調する。

1

Q1 では、王子とつばめの心の美しさについて比較しやすいように中央付近に並べて掲示する。また、共通点については中央に板書し、町の人の考えと比較しやすくする。

準備するもの・作り方

○ ワークシート
　　💿 3 –34– 1
○ 登場人物の絵
　　💿 3 –34– 2 ～ 5

板書を生かして盛り上げる工夫

○ 王子やつばめの言動やその背景にある心の内、天使と町の人の美しさに対する考え方などを多面的に捉え、構造的な板書にすることで、人の心にも美しさがあることに気付くようにする。

評価のポイント

○ 王子やつばめの美しさやそれぞれが本当に幸せだったのかを話し合うときに、友達の意見を参考にしながらその相違点や共通点を見つけている。
○ 天使と町の人の考え方の違いを話し合うときに、自分の中にも、心の美しさを感じる心や、美しい心があることに気付いている。
○ 発言・ワークシートで評価する。

3年 教材名 百羽のツル

出典：東書、廣あ、光文（4年）

D3 感動、畏敬の念 | 主題名 仲間を思う気高い心

1 ねらい

自然の美しさや気高い行為に素直に感動する心を大切にしようとする心情を育てる。

2 教材の概要

北の果てから疲れ切って飛んできた百羽のツル、待ちに待った湖への到着がもうすぐのところで、一羽の子どものツルが気を失い落ちていく。子どものツルは仲間に迷惑をかけたくない思いから病気であることを内緒にしていたのだった。それを見つけた99羽のツルが一丸となって子どものツルを救い出す、仲間を思う気高さに感動する話。

3 教材を生かすポイント

○ 児童は美しい話や不思議な話にひかれ、素直に感動する心をもっている。情景の美しさが味わえるようにゆっくり朗読したり、大きな挿絵や写真を提示したりして、心に響いたことや心が揺さぶられたことを伝え合える雰囲気づくりを心がけたい。

○ 本教材では、ツルの生態についての知識が教材を素直に感動する上で重要である。導入において編隊を作り飛ぶ写真を提示し、数千km もの距離を飛んで移動する「渡り」について触れる。

4 本授業の展開

学習活動と主な発問等	●指導の手立て ◆板書の工夫
1 ツルについて知っていることを伝え合い、ツルの習性やツルが登場する話にいて確認する。	●渡り鳥であるツルの習性やツルが登場する話にふれることで、教材に対する関心を高める。
2 教材「百羽のツル」を読んだ感想を伝え合う。	●素直な感動を共有する雰囲気を大切にする。児童の感想から課題を設定する。
百羽のツルをすごいと感じるのはなぜだろうか。	
Q1 なぜ、子どものツルはみんなに助けを求めなかったのだろうか。 2-1	●仲間のツルを思うが故に病気であることを黙っていた子どものツルの思いに気づけるようにする。
Q2 99羽のツルはどんな気持ちで子どものツルを助けようとしたのだろうか。 2-2	●落ちていく子どものツルに気づいたツルたちがとった行動や助けた後の言葉から、仲間を思う心の強さを感じ取ることができるようにする。
Q3 百羽のツルをすごいと感じるのはなぜだろうか。 2-3	●子どものツルと99羽のツルが、互いに仲間を思う、気持ちの美しさや心の気高さに気づけるようにする。
3 今日の学習から感じたことや考えたことを書く。	●百羽のツルの美しい心について感動したことを素直に表現できるようにする。

百羽のツル

百羽のツルがすごいのはなぜだろうか。

2-1

九十九羽のツルがいっせいに下へ

2-2

・もうすぐなのに病気のことを知ったら悲しむ。
・みんなにめいわくをかけるから言えない。
・みんなが湖に行けるならいいや。
・なかまのことを思うからこそ言えなかった。

2-3 → なかまを思う心

・子どものツルも九十九羽のツルもみんながなかまのことを大切にしているところがすごい。
・自分のことよりもなかまのことを思う気持ちがつよくて感動した。

・気づいてあげられなくてごめん。もうだいじょうぶだよ。
・全員で湖に行きたい。
・九十九羽で行くのはいやだ。
・子どものツルをほおっておくわけにはいかない。
・大切ななかまだからおいてはいけない。
・なかまだからあたりまえ。

3

Q3 では、仲間を思う心の強さを感じ取らせた後、子どものツルと99羽のツルが、互いが仲間を思い合っていることの美しさが伝わるように Q1 と Q2 の間に仲間を思う心と明示する。

2

Q2 では子どものツルと99羽のツルを上下に分けて板書することで、それぞれが仲間のことを考えて行動している気持ちを板書に残し、仲間を思う心に気付くようにする。

1

Q1 では場面絵を提示し、子どものツルがどの位置を飛んでいるかを考えさせた後で、仲間のことを考えて病気のことを黙っていた子どものツルの気持ちを考えさせる。
情景の美しさを味わえるようにする。

準備するもの・作り方

○ ワークシート
　🖸 3 –35– 1
○ ツルの写真
○ 場面絵
　🖸 3 –35– 2、3

板書を生かして盛り上げる工夫

○ 教材を読んで感じた児童の感想を丁寧に板書することで、素直な感動や心の動きを共有できるようにする。
○ ツルや高い山脈、V 字編隊で飛行する様子の写真などを提示し、教材に描かれている

評価のポイント

○ 仲間を思い自分を抑えようとする心の気高さや気持ちの美しさに気づいている。
○ 仲間を思う気持ちから生まれた行動で、強く心を打たれたり、美しいと感じたりした経験を思い出している。
○ 百羽のツルの仲間を思う心の気高さや美しさについて感動した気持ちを素直に表現している。
○ 発言・ワークシート・話し合いの参加の仕方で評価する。

4

第4学年の
道徳・全時間の板書

4年 ふりだした雨

出典：学図

A 1 善悪の判断・自律・自由と責任 | 主題名 **正しいことは自分から！**

1 ねらい

正しいと思ったことは、自信をもって行おうとする態度を育てる。

2 教材の概要

雨が降りそうな日の午後、下校途中に、きよし、まさる、よしおの3人は、にわとり小屋の掃除を忘れたことに気がつく。「帰ろう」という二人に心を揺さぶられながらも、きよしは一人学校に戻る。にわとり小屋の掃除を一人でするきよし。終わったとき、雨が降り出してくるが、心はすっきりと晴れていた。

3 教材を生かすポイント

○ どの子にもある身近な題材である。導入で体験を聞き出し、展開での発問につなげていくことで自分事として考えさせていく。

○ きよしは、何が正しいのかをよく考え、学校にもどる。まさるやよしおとの違いからきよしの気持ちや考えを際立たせ、ねらいへと迫っていく。

4 本授業の展開

学習活動と主な発問等	●指導の手立て ◆板書の工夫
1 係や当番の仕事で大変なことは何ですか？	●自分の仕事経験を振り返り、その大変さや苦労を思い出させ、教材へと導く。
2 教材「ふりだした雨」を読んで話し合う。	●仕事の大変さを押さえ「当番の話だよ」と紹介し、導入とつなげる。
正しさについて考えよう。	
Q1「大丈夫」と2人から言われたとき、きよしは、どんな気持ちになったでしょう。 **2-1**	●周りの子から「大丈夫だよ」「先生がやってくれるよ」と声をかけ、発言させることで、きよしの心の迷いに気付かせる。
Q2「もどるよ」と学校へかけだしたきよしは、どんなことを考えたでしょう。 **2-2**	◆きよしの絵を反転することで、問いかけに注目させ、考えを引き出す。
Q3 掃除を終え、雨を見ていたとき、きよしは、どんな気持ちになったでしょう。 **2-3**	●雨音を聞かせながらワークシートを書かせ、それを読ませた後は先生役の児童に声をかけさせる。
3 今日学んだことについて板書を見て振り返り、正しさについて考えを深める。	●これまでの自分を価値に照らして振り返させる。
4 自分たちにも、似たような経験がないか話し合う。	●「正しいこと」についての考えをまとめ交流し合う。

「ふりだした雨」 正しさについて考えよう

2-1
・配り係だけど毎日プリントを配るのが大変。
・運動係は、ボールの整理や片付けが大変。
　自分でやってくれるといいのに。

二人から「だいじょうぶ」と言われたとき
・先生がやってくれるかもしれない。
・戻ったら、どじゃぶりになってしまう。
・1日ぐらいなら、だいじょうぶかな。
・ぼくたちが当番なのに・・・。

「もどるよ」と学校へかけだしたとき
・やっぱり責任をもたなきゃ。
・自分の仕事だからやらないと。
・にわとりたちが、かわいそうだ。

2-2 / 2-3
もう戻りたくないよ！きっと、誰かがやるはず！

Q1からQ2に移るとき、きよしの絵を反転させ、問いに注目させる。他の二人と近づけたり、遠ざけたりして、距離で考えの違いを表す。

2-3
そうじを終えて、雨を見たとき
・きよしくん、えらいね！りっぱだよ。
・もどってくれて、とてもうれしいよ。
・もどってよかった。にわりたちもよろこんでいる。
・先生にやらせちゃだめだ。自分の仕事はきちんとやらなきゃ。
・あのとき帰らなくてよかった。次は二人もさそってやろう。

正しさ
・やるべきことは、自分から！
・正しさは、気持ちをすっきりとさせてくれる。

3
ワークシートに書くことで、「正しさ」や「責任」の意味を見つめさせる。発言の際は先生役に声をかけさせることで、「やってよかった」という正しさを貫く爽快感を感じさせる。

2
Q2では、まさるやよしおの気持ちも吹き出しで入れ、二人との違いを表しながら、「何が違うのか？」を考えることで、「やらなければいけない事」の意味を考える。

1
Q1では、二人から「大丈夫」と言われたときの気持ちを考える。そのときに、導入で問いかけた仕事の大変さを結びつけ、きよしの気持ちを自分事として捉えさせていく。

○ Q3では、きよしの気持ちを発言する子に、先生役の子が声をかける。その声も吹き出しで板書することで、「正しさ」の爽快感に気付かせていく。

準備するもの・作り方

○ ワークシート
　4-01-1
○ 場面絵
　4-01-2～4
○ 雨音のCD

板書を生かして盛り上げる工夫

○ 板書の際、登場人物3人の位置を工夫する。最初、まさるとよしお寄りだった「きよし」を発問を進める中で、だんだんと離し、きよしの心の変化を明確にしていく。

評価のポイント

○ きよしの心の変化やその理由をまさるやよしおの立場からも捉え、考えている。
○ 正しいことをする大切さについて、自分の体験とつなげながら考えている。
○ 発言・反応・ワークシートでの記述などで評価していく。

4年

教材名

ほっとけないよ

出典：教出

| A 1 | 善悪の判断・自律・自由と責任 | **主題名** 正しいことを大切に |

1 ねらい

正しいと判断したことは、周りに流されることなく、自信をもって行おうとする態度を育てる。

2 教材の概要

休み時間に校庭に出ようとしたわたしは、ゆかさんが、はるかさんの靴を隠すのを見てしまう。校庭にいるゆかさんに声をかけるか迷うが、決心して話しかける。理由を聞きながらも、「仕返しはだめ」と注意し相談にのると、ゆかさんから「ありがとう」と言われ、心が晴れやかになる。

3 教材を生かすポイント

○ 身近で切実な出来事である。範読前に場面絵だけを提示し、どんな場面か想像させ、導入で経験とわたしの気持ちを共感的に重ねながら考えさせていく。

○ わたしだけでなく、はるかやゆかの立場からも考えさせることで、何が「正しいこと」なのかを考えさせていく。

○ 身近な内容を生かし、「自分だったら」と問いかけ、役割演技をすることで、ねらいへと迫っていく。

4 本授業の展開

学習活動と主な発問等	●指導の手立て　◆板書の工夫
1 正しいと考えたことが思うようにできなかったことはありますか？	● 自己の経験を想起させ、正しい行動をとる難しさと大切さに目を向ける。
2 教材「ほっとけないよ」を読んで話し合う。	◆ 場面絵を見せ、話の内容を想像した後、範読することで、場面を理解させる。
「正しいこと」を行うことは、なぜ大切なのだろう。	
Q1 声をかけようとしたが、何も言えなかった「わたし」は、どんなことを考えたでしょう？ **2-1**	● くつ隠しを見たわたしの迷いに共感させ、正しさに付きまとう難しさや不安を見つめさせる。
Q2 「ほっとけないよ」と言ったときの「わたし」は、どんな気持ちだったでしょう？ **2-2**	● 「ほっとけないよ」という言葉に焦点を当て、友達関係を崩してしまう怖さを抱きながらも、正しさを選択するわたしに気付かせる。
Q3 もし自分だったら、ノートに落書きされたゆかに、どんなことを話しますか。 **2-3**	● 「自分ならどうするか」と問いかけ、ワークシートにまとめた上で役割演技で発表させる。自分事として捉えることで、価値を深く実感させ、実践につなげていく。
3 今日学んだことについて板書を見て振り返り、テーマについて考える。	
4 教師の話を聞く。	● 自分の過ちを指摘し、見つめさせてくれた教師の体験談を話す。

「ほっとけないよ」正しいことを行うことは、なぜ大切なのだろう。

何も言えなかった「わたし」

・わかったら、はるかは、ゆかをきらいになってしまう。
・ゆかとはるかが心配。どうしたらいいの？
・なぜこんなひどいことをするのだろう。
・止めさせたい。でも、わかってもらえるかな。

・そうじをさぼる友だちを注意できなかった。
・信号無視をして渡る人を止められなかった。

「ほうっておけないよ」と言ったとき

・友だちだから、悪いことをさせたくない。
・このままでは、はるかが悲しんでしまう。
・いやなことがあっても、「くつかくし」は
　してはいけない。
・もっと他の方法があるはず！

**ゆかを
きらいに
なかよく
なりたい
でいたい**

「正しさ」に関わる言葉を赤で
示し後の振り返りに生かす。

くつかくしは、してはだめだよ
・なぜ落書きしたのか、理由を聞こうよ！
・一緒に行ってあげるよ。

仲直りしたい
いけないと思っ
ている

はるかさんが、わたしの
落書きをしたんだもの。

正しさ

自分だけでなく相手にとっても大切
伝え方はいろいろある！
気持ちを明るくするもの。

はるか役がこの台詞
を言った後、どうす
るか答えさせ、板書
する。

はるか役がこの台詞
を言った後、どうす
るか答えさせ、板書
する。

3

Q3 では、役割演技を行い、はるかの台詞の後に、ゆかになって言わせることでよくないことを正していくことの大切さを自分事として捉えさせていく。

2

Q2 では、思わず行動した「わたし」の考えについて話し合うとともに、ゆかやはるかへの思いや気持ちにも触れながら、いろいろな立場から「正しさ」の意味を考えさせていく。

1

Q1 では、最初に場面絵を張り出し、導入で引き出した経験と結びつけながら、正しさを伝える難しさに共感させる。

準備するもの・作り方

○ ワークシート
　🔘 4 -02- 1
○ 場面絵
　🔘 4 -02- 2 〜 4
○ 「わたし」「ゆか」の名札（役割演技用）
○ 靴

板書を生かして盛り上げる工夫

○ 場面絵を生かして、ゆかやはるかなどの気持ちが出されたら、吹き出しで書き足し、考えを作る材料にしていく。
○ 発言の中で、正しさに結びつく言葉を朱書

し、発言された意見と線で結びまとめ、比べながら、学習の振り返りに生かしていく。

評価のポイント

○ ゆかやはるかなどの立場からわたしが正しい行動についてどのように考えたかを考えている。
○ 自分がゆかだったらどう行動するかについて、役割演技を通して考えている。
○ 発言・反応・ワークシートの記述などで評価する。

4年 新次のしょうぎ

教材名

出典：日文、廣あ

A2　正直、誠実　　主題名　**自分に正直に**

1　ねらい

まちがいは素直に改め、明るく正直に生活しようとする心情を育てる。

2　教材の概要

将棋の好きな新次は、伊三郎おじさんと将棋を指しているが、おじさんが席を外したすきに駒を一つ動かして不正をはたらく。その駒をきっかけに新次が勝ったが、次の佐平おじさんとの勝負には集中できずに負けてしまった。再戦の求めを断り帰る新次は、不正を後悔しながら涙を流して歩いた。

3　教材を生かすポイント

○ 勝負事において勝ちたい心が強いとき、不正をはたらくことがある。本当の正直とは、心が正しく真っ直ぐでありたいと望む姿である。後悔する主人公に共感させながら、人間の弱さや価値理解を深めていきたい。

○ 2つの対局には、不正をした点やその負い目を引きずる点などにおいて、新次の心中が微妙に異なる。その違いを考える中で、価値理解を深めさせ、ねらいに迫りたい。

4　本授業の展開

学習活動と主な発問等	●指導の手立て　◆板書の工夫
1 正直とはどんなことか、大切かどうか、短い言葉で表現したり理由も含めて話し合ったりする。**1**	● 「正直って○○」の文を参考に当てはまる言葉を考えさせる。
2 教材文を読んで、登場人物の言動やその背後にある心について話し合う。	●範読前に、どのような対局が描かれているか探して聞くように意識させる。
正直は、どうしてよいことなのだろう。	
Q1 新次の将棋は、何回描かれていますか。勝敗はどうでしたか。	◆二つの対局を比較しやすいよう、左右に並べて板書する。
Q2 試合に勝った時は、嬉しかったでしょうか。**2-1**	●始めの対局に不正があったことを確かめ、新次の心の暗さを十分認識させる。
Q3 後の試合をしている時は、新次はどのようなことを考えていたでしょう。**2-2**	●不正した心を引きずっている敗北だと確認し、正直のよさに気付かせたい。
Q4 どうして新次は涙を流して帰ったのでしょう。	●「正直」のよさに気付いたときに、人がどのような心でいるか考える。
3 学習を通じて学んだことから、自分の生活につなげられることを想像する。	
4 テーマ「正直とは、どうしてよいことなのか」について考える。	●正直のよさや、正直にはどのような力があるのか、まとめる。

「新次のしょうぎ」
正直は、どうしてよいことなのだろう

1

正直って [　　　　　]

- 大切
- 気持ちが良い
- うそがない

　　親に言われるから
　　だめなことだから
　　ばちが当たるから

- 難しい
- できない時もある

2-1

始め <勝ち>

- ズルをした
- 無理をした笑顔

・勝ってしまった…
・やるんじゃなかった
・ばれたらどうしよう

後かい

2-2

後 <負け>

- ズルしてはいない
- 集中できない

・ばれないかな
・落ち着け！

不安

1

導入では、児童が価値をどう捉えているか、実態を知る。また、終末では、授業を通じて付加された意識や変容した考えをまとめると、気付きの深まりが実感できる。

2

Q2 Q3 では、絵を中心に、始めと後の対局を左右に分けて書く。勝敗や不正の有無は短い言葉で簡潔に、箇条書きして押さえる。観点別に色を変える等の工夫をすると見やすくなる。

3

初めの対局での新次の心中を列挙して膨らませると、暗い思いが多いことに気付きやすい。また、その上に色や形でモヤモヤした思いを表すと、後の対局での心情を比較しやすくなる。

準備するもの・作り方

○ ワークシート
　　🔵 4-03-1
○ 新次が将棋盤に向かう絵
　　🔵 4-03-2

板書を生かして盛り上げる工夫

○ 新次が将棋盤に向かう絵を中心に、初めと後の対局を左右に分けて場面を比べやすくする。また、事実と心情とは、文字の色を区別して考えやすくする。
○ 不安や心配など、心のモヤモヤを図示して言葉の上に重ねることで、初めの対局の暗い心が後にもつながっていることを視覚的に捉えさせる。

評価のポイント

○ 初めと後の対局における新次の心情を共感的に捉えている。
○ 正直のよさについて自分の生活と重ねたり、学習を通して考えたりしている。
○ 導入と終末でのテーマに対する考えの変容・発言で評価する。

4年

教材名
「正直」五十円分

出典：廣あ、光村

A2　正直、誠実　　主題名　**正直で明るい心**

1　ねらい

だれにでも正直で誠実な行動をし、明るい心で元気よく生活する態度を養う。

2　教材の概要

おつりが50円足りないことに気付いたたけしとあつしの兄弟は、お金を返してもらう。別の日、おつりが50円多いと兄のたけしは気付くが、そのままだまってお金をしまってしまう。しばらく悩んだ末、たけしはお金を返した。店の人は感心し、二人は清々しい思いに満たされる。

3　教材を生かすポイント

○ 自分にとって有益な行動でも、不正を働きごまかしている自分に引け目を感じたり、その後の人間関係に不安が生じたりすることなどを押さえ、価値への理解を深めていく。

○ 自分が損をするおつりの間違いと、得をする間違いに時系列に注目し、双方の受け止め方が異なることを比較することで、当人の心や周囲の人の心に与える影響を考えさせていく。

4　本授業の展開

学習活動と主な発問等	●指導の手立て　◆板書の工夫
1 正直であるとどうなるか、具体例などを交えて話し合い、価値への意識付けを図る。**1**	● 「正直だと○○」に、当てはまる言葉を考えさせる。状況によって正直になれないのはどうしてか、問いかける。
2 教材を読んで、登場人物の言動やその背後にある心について話し合う。	●範読前に、どのような正直が描かれているか、探して聞くように促す。
正直には、どんな力があるのだろう	
Q1 50円が2回出てきました。もつ意味は同じですか。また、たけしはどんなことを考えていたでしょう。**2-1**	●話の全体像を共有し、兄弟の心境を想像する。おつりが多いときの心の揺れを膨らませる。
Q2 おつりが足りなかったときはすぐに言いに行ったのに、多いときはどうしてすぐ言いに行かなかったのでしょう。**2-2**	◆返すか返さないかの葛藤を考えるため、意見を左右に分けて板書する。
Q3 迷った末に、お金を返しに行ったのはどうしてでしょう。**2-3**	●お金を返す決断をした動機が「ほめられたい」といったものではなく、自ら願う自律的なものであることをおさえる。
Q4 たった50円を返しただけで、なぜ拍手が起きたのでしょうか。	
3 学習テーマについて考える。	●板書で授業を振り返って考えさせる。

「正直」５０円分
正直には、どんな力があるのだろう

1

正直だと ☐

・気持ちがよい
・良いことが起きる
　　正直だ　△人
　　自信なし　▲人

少ない

おっちゃん

多い

2-2

・迷っても正しいこと
　ができる。
・自然に生まれた正直は
　人を笑顔にする。

・損してる
・返して
・ふざける

2-1

・どうしよう
・おっちゃんのお金だ
・返さなきゃ
・泥棒になっちゃう

・ラッキー
・特売ってことで
　50円位いいや
・黙ってれば気付
　いてない

2-3

1

導入では、児童が価値をど
う考えているか、実態を捉
える。終末では、授業を通
じて付加された価値観や考
えをまとめ、理解させる。

2

Q1 **Q2** では、おつりの
状況を左右に分け、兄弟の
心情を吹き出しで書く。特
に、50円多いときは、場面
絵を貼り、返すかごまかす
かの心の揺れをさらに左右
に分けて列挙する。

3

Q3 では、返す決断をした
あつしの心中を考える際
に、返さなかった場合の本
人や弟の表情、返したとき
の登場人物の表情を簡易的
なマークで描き明暗の様子
を明らかにする。

させ、理解を深める。

準備するもの・作り方

○ ワークシート
　　💿 4-04-1
○ 50円玉のイラスト（1枚）、場面絵
　　💿 4-04-2、3

板書を生かして盛り上げる工夫

○ お金を返すか迷う心を2つに分けて線で囲
　んで図示し、拮抗する心の構造を捉えやすく
　する。
○ お金を返さない（返す）場合の、あつしや弟、
　店員、他の客などの心情を、表情マークで
　書き、決断で状況が全く変わることを捉え

評価のポイント

○ おつりを50円多くもらった時の2人の心境
　を人間の弱さから考えている。
○ お金を返した時の拍手の意味について、多
　面的・多角的に考え、清々しい2人の姿か
　ら正直のよさや力について考えている。
○ 発言、ワークシートへの記述で評価する。

教材名
目ざまし時計

出典：東書、教出、廣あ、日文、光村、学図（３年）

| A3　　節度、節制 | 主題名　じりつに向かう心 |

1　ねらい

自分でできることは自分でやり、時間を大切に規則正しい生活をしようとする態度を育てる。

2　教材の概要

主人公のよし子は、進級祝いの目覚まし時計をきっかけに時刻に関する「わたしのきまり」をつくる。初めは守っていたものの、徐々に守れなくなり、寝不足になって周囲に八つ当たりをして、ある日の全校朝会で気分が悪くなった。保健室で一人、自分のしたことを思い出し、悲しくなる。

3　教材を生かすポイント

○ 児童にとって身近な生活の話題である。導入では、普段の生活で決まりを守っているか、どうしてなのかを問い、他律・自律のどちらの側面でも、意見を出てきたままに列挙したい。

○ 主人公の姿を通じて「自分でできることを自分でする」ことの意味やそれを支える心を考え、導入で挙がった自分の姿を具体的に見直し、改善しようとする意欲につなげていく。

4　本授業の展開

学習活動と主な発問等	●指導の手立て　◆板書の工夫
1 普段の生活で決めているきまりを想起し、守っているかどうかを話し合う。**1**	● きまりを守る度合を指で示させると、きまりに対する本音を表現しやすくなり、全体の傾向も押さえられる。
2 教材を読み、登場人物の言動やその背後にある心について話し合う。 **自分できめたきまりを守るために大切なことは何だろう。** **Q1** 今のよし子さんのきまりを守る点数（度合）はどのくらいですか。 **Q2** よし子さんは、どうしてそんなに変わったのですか。（何が守る点数を下げてしまったのでしょう／何が守る点数を支えていたのでしょう）**2-1** **Q3** よし子さんが保健室のベットで悲しくなったのはなぜでしょう。 **3** 自分で決めたきまりを守るために大切なこととはなんでしょう。	● 範読前に、きめたことに対するどのような姿が描かれているか考えて聞かせる。 ◆ 「きまりを守る点数」と数量で尋ねればその変化は表現しやすく、矢印にして板書すればその全体像も見取りやすい。 ● よし子に注目し、「時計」や「きまり」が変わったのかを問うと、主人公の心の変化を考えやすくなる。 ● 実態に応じて「ほめて（叱って）もらう」などの他律的な力と自らを律する力を整理して、違いに気付かせたい。
4 導入で挙がった自分のきまりについて考え、足りなかったことや、できそうな工夫などについて考える。	● 導入を基に生活を見つめ直す。きまりを守っていた児童にも、さらに自律に近寄った気付きをもたせたい。

「目ざまし時計」
自分で決めたきまりを守るために大切なことは何だろう

自分のきまり
・宿題して遊ぶ
・寝る前に学校の用意
・ゲームは一日〇〇分
　守っている　△人
　守ってない　▲人

1

はじめ　　　　　　　　　　　　　　　　　後　**2-1**

あきた　好きなことをしたい
何かのせい　楽したい
自由にしたい
叱られた
痛い目に
このままじゃだめだ　やり直したい

やる気　ほめられた
好奇心　成長したうれしさ

1
普段、自分が決めているルール（時刻を含む）を尋ね、列挙する。また、それらを守っているか、どうして守る（守っていない）のか、導入時の価値に対する児童の捉えを把握する。

2
Q1 では、よし子のきまりを守る度合を数値化し、その意識が下がっていることを可視化する。さらに、大きな矢印で示すことで、よし子の状況変化を捉えさせる。

3
Q2 で、下降する矢印の上の部分や下の土台には、何（どのような心）が関わっているのか、書き加えることで、自分で決めたきまりを守る心の弱さや支えとなるものが気付きやすくなる。

くなる。

準備するもの・作り方
○ ワークシート
　 4 -05- 1
○ 場面絵
　 4 -05- 2

板書を生かして盛り上げる工夫
○ 数に示して考えることで、自分と主人公を比較したり、個人内の差を捉えたりして、問いを生みやすくなる。
○ 下降する矢印は、上下に潜む動機や欲を調節をすることで、シーソーのように水平や上昇する矢印に変えられることが捉えやす

評価のポイント
○ よし子の状況の変化について、多面的・多角的に考えている。
○ テーマ（自分で決めたきまりを守るために大切なことは何だろう）について、自己の生活と重ねて考えを深めている。
○ 発言・終末の振り返り・ワークシートへの学習感想などで評価する。

4年 教材名 本当に好きなことは

出典：学図

A4　個性の伸長　主題名　長所を伸ばす

1　ねらい

ちばさんの生き方を通して、自分のよさに気付き、伸ばしていこうとする意欲を育てる。

2　教材の概要

「あしたのジョー」で知られる漫画家のちばてつやさん。絵を描くことが得意で、小学生の頃から夢中になって漫画を描くようになる。高校の時には、自分の描いた漫画が書店に並ぶようになる。しかし、2作目は出版社が本にしてくれない。漫画を描くことに苦しさを感じる日々の中で、ちばさんは、本当に好きなことは何かを考える。

3　教材を生かすポイント

○ 本教材では、自分のよさに気付くことが重要である。そのために、ちばさんの生き方を通して、家族や友達などから認められた経験を想起させる必要がある。例えば、帰りの会で互いに友達のよさを発表する「今日のキラリさん」などを取り上げる。

○ 自分自身のことについて考えると、長所よりも欠点を思い浮かべやすい傾向にある。そこで、自分のよさについて友達と交流することで、自分一人では気付けない自分のよさに気付かせる。

4　本授業の展開

学習活動と主な発問等	● 指導の手立て　◆ 板書の工夫
1 ちばてつやさんについて知る。◀**1**	●「あしたのジョー」の作品やちばさんの写真を掲示する。
2 教材「本当に好きなことは」を読んで話し合う。	
自分のよさについて考えよう。	
Q1 自分の本が本屋に並んだ時、どんな気持ちだっただろう。◀**2-1**	● 認められることの気持ちをおさえる。
Q2 漫画を描くことが苦しく感じた時、どんなことを考えたのだろう。◀**2-2**	● 好きなことに対して、苦しくなったり辛く感じたりすることがあることをおさえる。
Q3「本当に自分に合った、好きな仕事をしなさい」という母の言葉を聞いて、どんなことを考えたのか。◀**2-3**	◆ 漫画を描くことに対する気持ちを分類しながら、好きという思いと辛い気持ちの双方を捉えさせる。
3 自分のよいところ、のばしたいところを考える。	● 自分のよさについて友達と交流する。
4 教師の説話を聞く。	● 自分のよさをさらに伸ばしていこうとする意欲を高められるようにする。

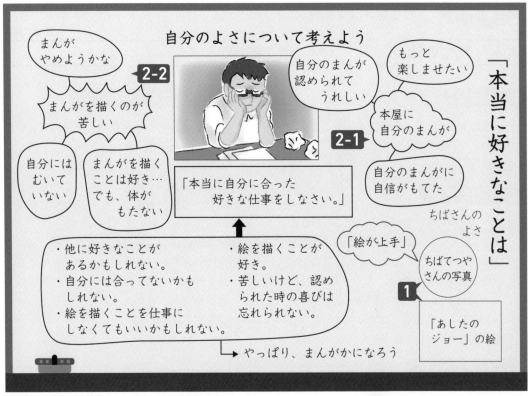

自分のよさについて考えよう — 「本当に好きなことは」

2

Ｑ2 では、漫画を描くことが苦しく感じたちばさんが考えたことを、児童から出てきたことを整理して板書する。例えば、前向きな思いと後ろ向きな思いで色分けして板書する。

3

Ｑ3 では、母の言葉と悩むちばさんのイラストを中心に掲示する。両端の板書内容と結びつけながら、ちばさんが考えたことを整理して板書する。

1

Ｑ1 では、ちばさんのよさ「絵が上手」をおさえ、自分のよさが認められた時のちばさんの思いについて、児童の発表をキーワードにまとめ、整理し板書する。

準備するもの・作り方

○ ワークシート
　💿 4 -06- 1
○ ちばてつやさんの写真
○ 場面絵
　💿 4 -06- 2

板書を生かして盛り上げる工夫

○ 児童の意見を、「漫画を続ける」と「漫画以外のものを探す」という２つの視点に分類して板書する。ちばさんが３日間悩んだことを多面的、多角的に捉えさせる。

評価のポイント

○ ちばてつやさんの生き方を通して、ちばさんのよさについて捉え、どのように自分のよさを伸ばしていったのかを考えている。
○ 友達との交流を通して、自分のよさを知り、どのよさを伸ばしていきたいかを考え、自分のよさを伸ばしていこうとする意欲を高めている。
○ ワークシート・グループでの話し合い活動の様子をもとに評価する。

4年 明の長所

出典：廣あ

A4 個性の伸長 主題名 自分の長所をのばそう

1 ねらい

長所も短所も含めて「特徴」であることを知り、その上で自分の長所を伸ばしていこうとする意欲を育てる。

2 教材の概要

絵美子の学級では、隣の席の友達の特徴を捉えて作文を書くことになった。隣の明は、暴れん坊でふざけ好きだが、クラスの人気者でもある。絵美子は明の思い出をたどるうちに、「弱い立場の人をかばう」という明の長所に気付く。作文を書く意欲がわいた絵美子は、明らしさをもち続けてほしいと思う。

3 教材を生かすポイント

○ 絵美子は、明の短所も長所も両方気付いたうえで、長所をこれからも生かしてほしいと明に願っている。授業では、教材から「特徴に気付く」とはどんなことか理解した上で、自分や学級の友達の長所や短所について考える活動を取り入れたい。

○ 学びを広げるための体験的な活動として、友達の短所を、見方をかえて長所にする活動を行う。自分が短所だと思うことを、友達に長所として捉えてもらうことで、自己肯定感を高めたい。

4 本授業の展開

学習活動と主な発問等	●指導の手立て ◆板書の工夫
1 事前学習として自分の長所と短所を考えておき、それを振り返り、今日の学習テーマを確認する。	●家庭で考えた時の感想をいくつか発表させ、テーマにつなげる。
自分や友達の「特ちょう」について考えよう	
2 教材「明の長所」を読んで「特ちょう」について考える。 Q1 絵美子が気付いた明の長所と短所とは、どんなことか？ **2** Q2 なぜ、絵美子は作文に、明の短所ではなく長所を書きたいと思ったのか。 **3** 友達の短所を長所に変えて表現する活動をする。 **3** Q3 隣の友達の短所を、見方を変えて前向きな言葉で書き換えてみよう！ **4** 「ポジティブ変換」の感想を交流し合い、自分の「特ちょう」について考える。	◆長所も短所も含めて「特徴」になることを理解する。 ●長所を伸ばそうとすることの大切さについておさえる。 ●事前学習で書いた自分の短所を使う。授業者が例示しながら、方法を説明する。 ●見方を変えれば短所も長所になることに気付き、長所も短所も自分を構成する大切な点であることをおさえ、長所を大切にしていこうと考えられるようにする。
5 自分や友達の「のばしていきたいところ」について考える。 Q4 これからは、自分のどんなところを伸ばしていきたいと思いますか。 **5**	●自分の「のばしていきたいところ」を書かせ、黒板に貼る。友達の特徴をより深く知り、互いに認め合おうとする意欲につなげる。

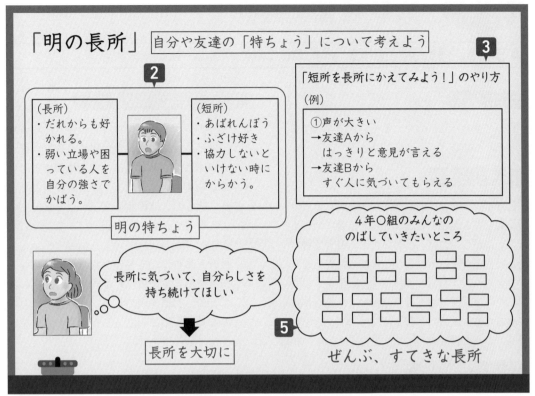

1

Q1 では、児童の言葉をチョークで板書する。色チョークで長所と短所を大きく囲うことにより、長所も短所も含めて特徴になることを強調する。

2

Q3 では、児童たちが使うワークシートを拡大したものに、教師が実際に書きこみながら例を示すと分かりやすい。

3

Q4 では、最終的に全員分完成したら、模造紙等に貼って教室掲示とする。互いの長所を認め合う学級の雰囲気づくりの一助となるようにし、学級経営に生かす。

○ 事前学習の「自分の長所・短所」を書き出す活動を朝活動などや学級活動で行う方法もある。

準備するもの・作り方

○ ワークシート

　💿 4 -07- 1

○ 登場人物（明・絵美子）の絵

　💿 4 -07- 2、3

○「短所を長所にかえてみよう」の拡大ワークシート

○「のばしていきたいところ」を書くカード

体験的な活動を生かして学びを広げる工夫

○ 授業を通して児童自身が自分や友達の特徴を認め合う雰囲気づくりを行いたい。そのために「ポジティブ変換」の活動時間を多くとる。

評価のポイント

○ 友達との意見の交流を通して、人にはいろいろな特徴があり、それぞれが価値あるものだと捉えている。

○「ポジティブ変換」を通して、自分の長所を考え、自分の長所を伸ばしていこうとしている。

○ 活動中のつぶやき・意見交流中の発言・態度・ワークシートやカードへの記入等で評価する。

教材名
文字を書く喜び

出典：廣あ

A 5 希望と勇気、努力と強い意志 ┃ 主題名 **目標に向かってねばり強く**

1 ねらい

自分でやろうと決めたことを、あきらめずに粘り強くやり抜こうとする心情を育てる。

2 教材の概要

星野富弘さんは、同じ病室だった高久君のために寄せ書きを書くことになる。母親に助けてもらいながら「お富」と書いたが、自分で書いたとは言えなかった。しかし、高久君があまりに喜ぶので、「自分で書いた」と言ってしまう。その後、星野さんは自分がついた嘘を本当にするため、血のにじむような努力で文字を練習し、ついに自分の力で文字を書く。

3 教材を生かすポイント

○ 実在の人物を教材に扱うときは、その人物の作品や生の声を児童に提示すると、説得力がある。本教材では、導入場面で星野さんが口で初めて書いた文字と詩画集とを同時に提示し、詩画集の文字に至るまでどのような苦労があったか想像できるようにする。

○ 星野さんの作品や名言を紹介し、星野さんを献身的に支え続けた母親の思いにふれることで、目標実現のためには自己の努力のみならず、周囲の励ましや称賛が力になることに気付かせていく。

4 本授業の展開

学習活動と主な発問等	● 指導の手立て　◆ 板書の工夫
1 口で書いた文字と詩画集の文字を比較し、ここに至るまでどんなことをしたのか考え、テーマを決める。◀**1**	● 2つの文字が同じ人によって書かれた字であることを伝え、事故に合うまでの経歴を紹介する。
なぜ星野さんは、「折れた菜の花」の字が書けるまでがんばれたのだろうか。	
2 教材「文字を書く喜び」を読み、星野さんの心情を話し合う。◀**2-1** **Q1** 初めて字が書けた時は、どんな気持ちだったか。 **Q2** 星野さんは、どんな思いで横向きで文字を書く練習を続けたのだろうか。◀**2-2** **3** テーマの答えを話し合う。 **Q3** なぜ星野さんは、「折れた菜の花」の字が書けるまで頑張ることができたのかな。◀**3**	● もし自分だったらと自我関与させながら、児童のつぶやきを引き出す。 ◆ 児童と相談しながら、心情曲線を板書する。 ● **Q2** は、ワークシートに書かせて板書し、全体の意見をまとめる。 ● テーマに対する答えとしてワークシートに書かせる。
4 自分の生き方について考える。 **Q4** これからは、どんな思いで目標に向かっていきたいと考えますか。	● 星野さんから学んだことを書いたり、キーワードをまとめたりしながらこれからの自分の生き方を見つめる。

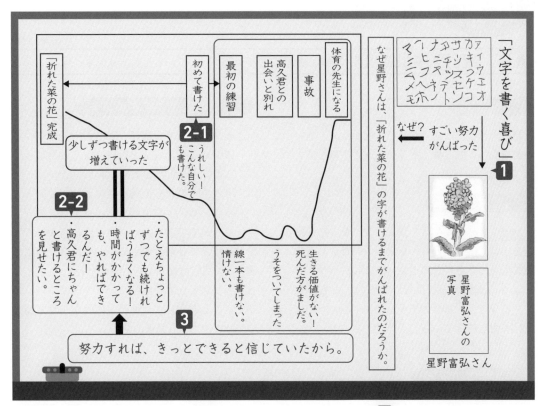

「文字を書く喜び」 **1**

アイウエオ
カキクケコ
サシスセソ
タチツテト
ナニヌネノ
ハヒフヘホ
マミムメモ

なぜ星野さんは、「折れた菜の花」の字が書けるまでがんばれたのだろうか。

なぜ？　すごい努力
　　　　がんばった

星野富弘さんの
写真

星野富弘さん

体育の先生になる

事故

高久君との出会いと別れ

最初の練習

初めて書けた

2-1

うれしい！こんな自分でも書けた。

生きる価値がない！死んだ方がましだ。

うそをついてしまった

線一本も書けない。情けない。

「折れた菜の花」完成

少しずつ書ける文字が
増えていった

2-2

・たとえちょっとずつでも続ければうまくなる！
・時間がかかっても、やればできるんだ！
・高久君にちゃんと書けるところを見せたい。

3

努力すれば、きっとできると信じていたから。

3

Q2 からの「人生のターニングポイント」は事前にカードに書き、貼り付けていく。児童の発言をチョークで板書する。

2

Q1 **Q2** では、テーマに対するつぶやきを板書する。子どもたちの反応に対してさらに揺さぶりをかけ、テーマへの意識を高める。

1

導入では、「口で書いた文字」と「折れた菜の花」を比較して提示することにより、その間に起こったことや星野さんの心情に心を向けさせる。

準備するもの・作り方

○ ワークシート
　　💿 4 -08- 1
○ 口で初めて書いた文字の拡大図
　　💿 4 -08- 2
○ 「折れた菜の花」の詩画
　　💿 4 -08- 3
○ 星野さんの写真

板書を生かして盛り上げる工夫

○ 星野さんの気持ちを心情曲線で表現することにより、絶望的になった星野さんが確かな希望をもって立ち直っていくまでを可視化して考えられるようにする。

ICT の活用

○ 本人の生の声は、説得力がある。星野さんが実際に語っている動画を用いて、星野さんをより近い存在として印象付ける。

評価のポイント

○ 星野さんの、事故から文字を書くまでの心の動きを、話し合いを通して考え、捉えている。
○ テーマについて、多面的に考えている。
○ 発言・ワークシートの記述で評価する。

4年 教材名 より遠くへ

出典：光村

A5 希望と勇気、努力と強い意志 | 主題名 目標に向かって

1 ねらい

　自分でやろうと決めた目標に向かって、強い意志をもち、粘り強くやり抜こうとする心情を育てる。

2 教材の概要

　病気により義足生活を送ることになった谷真海さんは、落ち込む日々を送っていたが、義肢装具士の臼井さんとの出会いにより、パラリンピックに出場する。以後、限界のふたを外して、自分を強く信じてチャレンジすることを目標に努力し続けている。

3 教材を生かすポイント

○ 教材を範読する前に、谷さんの経歴や病気について補足説明を行い、より教材に入りこんで考えられるようにする。

○ 導入で今の自分の夢や目標について問うことで、つらいことや苦しいことがあっても、途中であきらめずに目標に向かってやり抜くことの大切さについて、自分の生活と関係付けながら考えさせたい。

○ オリンピックやパラリンピックについて知ることを通して、世界とのつながりと関連付けることも効果的である。

4 本授業の展開

学習活動と主な発問等	● 指導の手立て　◆ 板書の工夫
1 夢や目標を達成するために取り組んでいることやそのときの心情を想起し、考えていきたい問題に気付く。	● 夢や目標に向かって頑張ることができたときとできなかったときの心情を発表させ、それらの矛盾から、考えていきたい問題に気付かせる。
2 教材「より遠くへ」を読んで、話し合う。	● 教材を一読する前に、谷真海さんの経歴や病気について簡単に説明する。
目標に向かって頑張るために、大切なことは何だろう。	
Q1 足を手術したあと、真海さんは、どんな気持ちだっただろう。 **2-1** **Q2** スポーツに挑戦しているとき、真海さんはどんな気持ちや考えを大切にしたのだろう。 **2-2** **Q3** 真海さんが手にした「大切なもの」とは、何だろう。 **2-3** **3** 学習したことを振り返り、考えたことをまとめる。	● 現実の生活に困惑し、涙を流す真海さんの心情について考えさせる。 ● うまくいかないときも、目標に向かって頑張る真海さんの心情についてじっくりと考えさせるために、ワークシートを活用する。 ● 「大切なもの」について考え、目標をもつことややり抜くことについて自分なりの考えをまとめさせる。
4 目標に向かって頑張ることについて、教師の話を聞く。	● 目標を立てたり、それに向かって粘り強くやり抜くことができたりしたときの教師の体験談を話す。

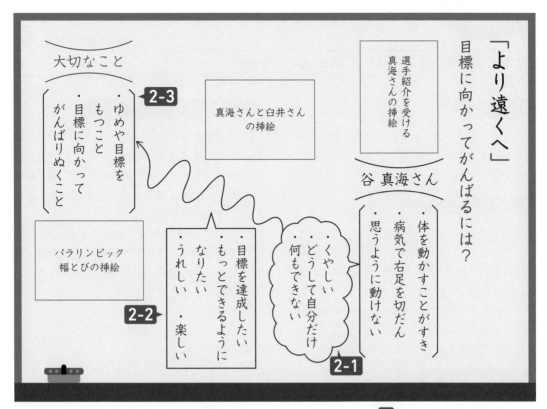

「より遠くへ」
目標に向かってがんばるには？

選手紹介を受ける
真海さんの挿絵

真海さんと臼井さん
の挿絵

谷 真海さん

・体を動かすことがすき
・病気で右足を切だん
・思うように動けない

くやしい
どうして自分だけ
何もできない

大切なこと

2-3

・ゆめや目標を
もつこと
・目標に向かって
がんばりぬくこと

パラリンピック
幅とびの挿絵

・目標を達成したい
・もっとできるように
なりたい
・うれしい　・楽しい

2-2

2-1

3

Q3 では、教材文に書かれている「大切なこと」について考えさせることで、本時の学習を通して自分なりに考えたことをノートに整理し、発表させる。

2

Q2 では、つらいことや苦しいことがあっても、目標に向かって一つ一つやり抜いたことが分かりやすいように、矢印を効果的に板書に活用する。

1

Q1 では、手術後の現実の生活を受け入れられない状況について考えさせ、教材範読前に説明した真海さんの経歴や病気とつなげて板書する。

準備するもの・作り方

○ ワークシート
　💿 4 -09- 1
○ 教材の挿絵
○ 谷真海さんが競技している映像

板書を生かして盛り上げる工夫

○ 手術後に落ち込んでいる状況から、目標をもって頑張ることで「大切なこと」に気付く様子を構造的に示すため、黒板の右下から左上に向けて左肩上がりになるように板書する。

評価のポイント

○ 目標をもつことや、やり抜くことの大切さについて、様々な視点から考え、自分と違う感じ方や考え方を理解しようとしている。
○ 現在の自分自身を振り返り、自らの行動や考えを見直している。
○ 事前の実態調査・授業中の発言・ノート記述により評価をする。

4年 教材名 心と心のあく手

出典：学研、教出、廣あ、日文

B1　親切、思いやり ｜ 主題名　心のつながり

1　ねらい

心優しい気持ちで相手を思いやり、相手の立場や状況をよく考えて、進んで親切にする態度を育てる。

2　教材の概要

学校の帰り道、重そうな荷物を持って歩いているおばあさんに出会う。荷物を持とうと声をかけるが断られる。家に帰り母から、おばあさんのことを聞く。数日後、不自由な足を動かして一生懸命歩くおばあさんを心の中で応援しながらぼくは見守る。おばあさんは、くるりと振り返りぼくにおじぎをする。

3　教材を生かすポイント

○ 教材名に着目し、「心と心のあく手」が、どのようなことを意味しているのか、話合いを通して明らかにするとともに、「心と心のあく手」の心地よさについて考えることができるようにしたい。
○ 親切という行為は、相手の立場や状況をしっかりと考え、相手の思いを推し量って考える優しさが支えになっていることに目を向けさせたい。

4　本授業の展開

学習活動と主な発問等	●指導の手立て　◆板書の工夫
1「握手」とは、どんなときに、どんな気持ちでするものか考える。	●実際に友達と握手をしたり、握手をした経験を想起させ、握手に込められた思いを考えさせる。
2 教材「心と心のあく手」を読んで話し合う。	
心と心のあく手とは、一体どういうことなのだろう？	
Q1 おばあさんに声をかけたのに断られたとき、どんなことを思ったでしょう。 2-1	●親切が断られたときの気持ちを共感的に考えさせる。
Q2 お母さんからおばあさんについて聞いたとき、どんなことを考えたでしょう。 2-2	●グループで話し合いながら、相手の立場や状況を理解することについて深く考えさせる。
Q3 どんな思いでおばあさんの後ろをあるいていたのでしょう。 2-3	◆親切な行為としては表出していないが、相手理解に基づく思いやりの心で応援していることがわかるようにする。
3「心と心で握手」の意味について考える。	●「心と心の握手とはどういうことか」について考えたことをワークシートに記入させる。

3

Q3 では、心がつながって
いる様子を視覚化して板書
する。道徳的行為のもとと
なる温かい思いに注目でき
るようにするとともに、心
の握手の心地よさを実感で
きるようにする。

2

Q2 では、児童がおばあさ
んの状況に理解を深め、相
手の立場や状況を考えて行
動することの大切さに気付
くことができるようにす
る。**Q2** で考えたことが、
Q3 の思考の支えとなる。

1

Q1 では、困っている相手
を助けたいと思う主人公の
気持ちを共感的に考えさせ
るとともに、意に反して断
られた時の気持ちを捉えさ
せる。

準備するもの・作り方

○ ワークシート
　　4-10-1
○ 場面絵
　　4-10-2 、3
○ 登場人物の表情絵
　　4-10-4 、5

板書を生かして盛り上げる工夫

○ 優しい思いやりの気持ちが相手に届いてい
ることを視覚化することによって、道徳的
価値についての理解を深める。

評価のポイント

○ 相手の立場や状況をしっかりと考え、相手
の思いを推し量って考えて親切にすること
の大切さについて考えている。
○ 心と心で握手するように、互いに相手を理
解し、思いやって生きていくことの大切さ
についての考えを深めている。
○ ワークシートの記述・発言により評価する。

4年

教材名

ええことするのは、ええもんや！

出典：学図、日文

| B1 | 親切、思いやり | **主題名** ボランティアの心 |

1 ねらい

相手のことを思いやって進んで親切にしていこうとする態度を養う。

2 教材の概要

マナブは、電池の切れた電動車いすに乗るおっちゃんを見かけ、思わず押していくことを申し出る。その途中、いろいろな人にほめられることで舞い上がるが、坂道を押していく辛さから自分の行為を後悔しはじめる。しかし、自分を助けてくれる友の存在に困っている人のために「ええことする」ことのよさを改めて実感する。

3 教材を生かすポイント

○ マナブが得意になって一人で車いすを押しているときの考えと、友達と押しているときの考えを比べ、「ええことする」側とされる側の双方の思いに気付き、マナブの価値観が変わった理由を深く考えさせたい。

○ 親切にすることのよさについて、自分と相手、自分と周囲がどんな思いをもつのか、また、それによって関係性や社会への広がりは、どうなるのかを多面的・多角的に考えさせたい。

4 本授業の展開

学習活動と主な発問等	●指導の手立て　◆板書の工夫
1 教材名から本時の学習課題を考える。	◆ 主発問と同じ学習課題なので、中央に板書する。
親切にすることは、なぜええことなのだろう。	
2 教材「ええことするのは、ええもんや！」を読んで話し合う。 2-1	● マナブが車いすを一人で押しているときと、みんなで押しているときに考えていたことを押さえる。
Q1 マナブの考えがかわったのはなぜだろう。 2-2	● 場面を比較し、考えの転換を押さえてから発問する。
Q2 親切にすることは、なぜ「ええこと」なのだろう。 2-3	● グループで話し合わせることで、多面的・多角的に考えさせる。
	◆ 自分、相手、周りの人、社会の関係性がわかるように整理して板書する。
	● 板書を示し、最後に得をしているのは誰かと問いかける。
3 親切にすることについて自分の考えをまとめ交流する。	● 自分の考えを整理して書かせることで、自分の考えをはっきりさせる。
4 教師の説話をきく。	● 教師が体験した話をもとに、今実践していることを話し、実践意欲を高める。

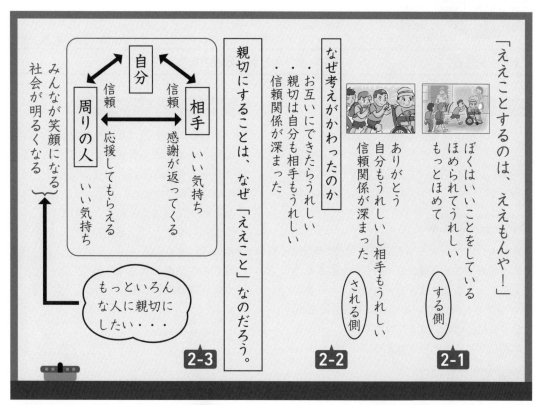

「ええことするのは、ええもんや！」

2-1 する側
ぼくはいいことをしている
ほめられてうれしい
もっとほめて

2-2 される側
ありがとう
自分もうれしいし相手もうれしい
信頼関係が深まった

なぜ考えがかわったのか
・お互いにできたらうれしい
・親切は自分も相手もうれしい
・信頼関係が深まった

親切にすることは、なぜ「ええこと」なのだろう。

2-3
自分 — 相手
信頼／感謝が返ってくる／いい気持ち
周りの人
信頼／応援してもらえる／いい気持ち
みんなが笑顔になる社会が明るくなる
もっといろんな人に親切にしたい・・・

3

Q2では、自分、相手、周りの人、社会の関係性がわかりやすくなるように整理して板書をする。整理することで親切は自分にかえってくること、社会にひろがることを捉えさせる。

1

導入では、題名を紹介し、本時の学習課題を提示する。中央に大きく板書する。

2

教材を読んで、車いすを一人で押して周りの人に声をかけられる場面、みんなで一緒に押している場面での気持ちや考えを比較することで、**Q1**の発問につなげる。

準備するもの・作り方

○ ワークシート
　　4-11-1
○ 場面絵
　　4-11-2、3

板書を生かして盛り上げる工夫

○ **Q2**の板書で、「一番得をするのは誰か」と問いかけ、話し合った内容について「先人は情けは人のためならずということわざを作りました。人生の原理を考えましたね」と称賛をする。4年生国語のことわざの学習と重なる。

評価のポイント

○ 親切のよさを、自分、相手、周囲、社会の視点で多面的、多角的に考えている。
○ 親切のよさを自分の生活の中に生かそうとしている。
○ 発言・話し合いでの様子・ワークシートの記述により評価する。

4年 教材名 朝がくると

出典：日文、廣あ、光村

B2 感謝	主題名 ありがとうの気持ちをもって

1 ねらい

自分の生活が様々な人々の支えによって成り立っていることに気付き、それらの人々に尊敬と感謝の気持ちをもって生活しようとする態度を育てる。

2 教材の概要

本教材は、まど・みちお氏の「朝がくると」の詩を味わうことを通して、ねらいに迫るものである。主人公ぼくは、日々の生活でたくさんのものを与えられていることに気付き、感謝し、今度は、自分が誰かに何かを与えられるように生活していきたいと考える。

3 教材を生かすポイント

○ 本教材は、主人公ぼくが、朝起きてから学校へ行くまでの過程をたどっている。ぼくと自分の生活を重ね合わせることで、様々な支えに気付かせたい。

○ 自分の生活を支えている人々の思いに気付かせていくことで、感謝の気持ちをもたせるようにする。

○ 現在の生活を築き、守り伝えてきた先人たちにも尊敬の念を深められるようにする。

4 本授業の展開

学習活動と主な発問等	● 指導の手立て　◆ 板書の工夫
1 自分の一日の生活の様子を振り返り、生活を支えてくれている人にはどんな人がいるか話し合う。 **1**	● 一日の生活の様子を振り返らせることで、当たり前にしていたことには多くの人が関わっていることに気付かせ、その人たちに関心を向けさせる。
自分たちの生活を支えてくれている人たちの思いを考えよう。	
2 教材「朝がくると」を読んで話し合う。 **Q1** 「ぼくが作ったのでもない」ものを作っている人に対して、「ぼく」はどんなことを思ったのだろうか。 **2-1** **Q2** 自分たちの生活を支えてくれている人たちは、どのような思いで行っているのだろう。 **2-2** **Q3** みんなは何のために今学校で学んでいるのか。 **2-3** **3** 自分の生活を支えてくれている人に伝えたいことを手紙に書く。 **3**	● 主人公ぼくの思いを考えることで、生活に必要なものが当たり前にあるのではないことに気付かせる。 ◆ 自分が作ったものではないものに対する思いと生活を支えてくれている人の思いを両側に書き、対比させる。それらの人たちに対し、どのような思いをもつことが大切かを考えやすくする。 ● 自分の生活を支えてくれている身近な人に手紙を書かせてから、どんな気持ちを伝えたか話し合う。
4 日々の生活を支えてくれている人について教師の話を聞く。	● お世話になっている地域の人の話を紹介する。

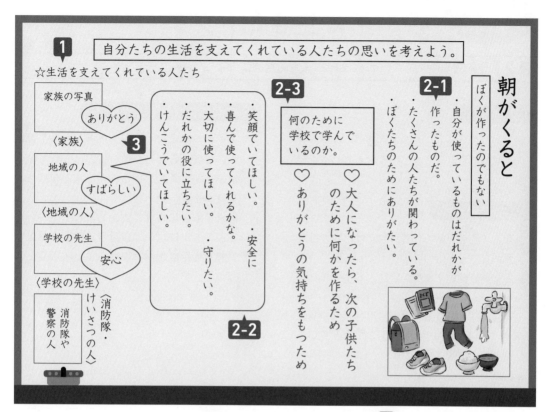

1 自分たちの生活を支えてくれている人たちの思いを考えよう。

☆生活を支えてくれている人たち

家族の写真
ありがとう ❤
〈家族〉

地域の人
すばらしい ❤
〈地域の人〉

学校の先生
安心 ❤
〈学校の先生〉

消防隊・けいさつの人
消防隊や警察の人
〈消防隊・けいさつの人〉

3
・けんこうでいてほしい。
・だれかの役に立ちたい。
・大切に使ってほしい。
・喜んで使ってくれるかな。
・笑顔でいてほしい。
・安全に
・守りたい。

2-2

2-3
何のために学校で学んでいるのか。

❤ ありがとうの気持ちをもつため
❤ 大人になったら、次の子供たちのために何かを作るため

2-1
・自分が使っているものはだれかが作ったものだ。
・たくさんの人たちが関わっている。
・ぼくたちのためにありがたい。

朝がくると
ぼくが作ったのでもない

B
主として人との関わりに関すること

3

Q3 では、生活を支えてくれている人たちの思いをもとに、今の自分にできることについて考えさせ、実践につなげる。

2

Q2 では、導入で貼った写真を生かし、自分の生活の中で支えてくれている人たちが、どんな思いでいるのかを考えられるようにする。キーワードをハートで示す。

1

Q1 では、自分の一日の生活と照らし合わせながら自分の生活を支えてくれている人々のイラストカードを貼っていく。

準備するもの・作り方

○ ワークシート
　💿 4-12-1
○ 生活を支えてくれている人の写真（数枚）
○ イラストカード
　💿 4-12-2

板書を生かして盛り上げる工夫

○ 補助黒板や掲示板などを活用し、詩「朝がくると」を提示しておく。**Q1**で考えるときの手立てとして効果的である。
○ 生活を支えてくれている人たちの写真を導入から終末まで活用できるようにする。

評価のポイント

○ 自分たちの生活を支えてくれている人々の行為に込められた思いを様々な視点で捉え、感謝の気持ちや尊敬の念をいだいている。
○ 自分の生活を振り返りながら、生活を支えてくれている人々の思いを理解し、感謝や尊敬の念を深め、実践に生かそうとしている。
○ 発言・話し合いの様子・手紙により評価する。

4年 教材名 谷川岳に生きたドクター

出典：学研

B2	感謝	主題名 人々のために

1 ねらい

人々のために尽くした方々の思いに気付き、感謝の気持ちをもって過ごそうとする心情を育てる。

2 教材の概要

谷川岳で仕事を始めた石川さんは、雨の日でも、風の日でも、雪の降る夜中でも、村に病人がいると聞けば、すぐ出かけた。5年の月日が経ち石川さんは谷川岳を去っていくが、それから6年後疎開してくる。水上の町に自分の病院を開き、村人と登山家のために苦労を惜しまず、生涯そこで働き続けた。

3 教材を生かすポイント

○ 人々のために尽くした石川さんの生き方について考えることを通して、自分たちの生活を支えてくれている様々な人々の存在に気付かせる。

○ 教材をもとに自分を支えてくれているたくさんの方々の思いに気付き、尊敬と感謝の気持ちもって生活していこうとする心を育む。

4 本授業の展開

学習活動と主な発問等	●指導の手立て　◆板書の工夫
1 今の自分たちの暮らしのために尽くしてくださった方々を思い描く。	●社会科との関連を図り、今の暮らしを築いた方々のことを想起させる。
2 教材「谷川岳に生きたドクター」を読んで話し合う。	
自分たちの生活を支えてくれている人々について考えよう	
Q1 雨の日でも、風の日でも、雪のふる夜中でも、診察をした石川さんや、診察してもらった村人はどんなことを思ったでしょう。 **2-1**	●雨、風、雪という場面状況をしっかりと想像し、それでもすぐに病人のところへでかける石川さんの思いや村人の思いについて深く考えさせる。
Q2 石川さんは、なぜ戦争が終わっても帰らず、水上で生涯をおえたのでしょう。	◆石川さんの村の人々や登山する人々への思いを深くほり下げることで、さらなる人々の感謝の念を捉えさせる。
Q3 人々のために一生懸命尽くした石川さんのことを、どう思いますか。 **2-2**	●石川さんの生き方から考えたことをワークシートに書くことで、道徳的価値を具現化した生き方についての考えを深めることができるようにする。
3 自分を支えてくれている人々について考えよう。	●人々のために尽くした方への思いを、自分との関わりで考え、感謝する。

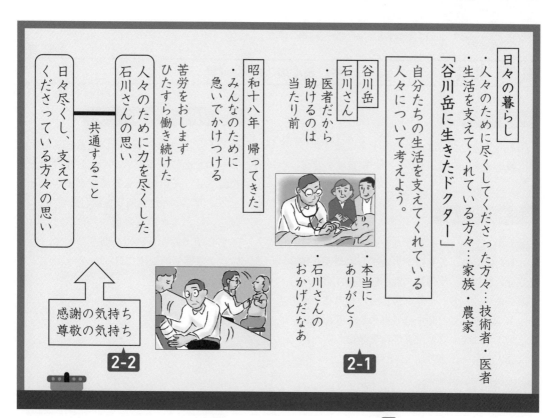

日々の暮らし

・人々のために尽くしてくださった方々…技術者・医者
・生活を支えてくれている方々…家族・農家

「谷川岳に生きたドクター」

自分たちの生活を支えてくれている
人々について考えよう。

| 谷川岳 | ・医者だから助けるのは当たり前 |
| 石川さん | |

| 谷川岳 | ・本当にありがとう |
| 石川さん | ・石川さんのおかげだなぁ |

昭和十八年　帰ってきた

・みんなのために急いでかけつける

苦労をおしまず
ひたすら働き続けた

人々のために力を尽くした
石川さんの思い

共通すること

日々尽くし、支え
てくださっている方々の思い

感謝の気持ち
尊敬の気持ち

2-2

2-1

3

Q3 では、人々のために一生懸命尽くした石川さんについての自分の考えをワークシートにまとめる。感謝の気持ちや尊敬の気持ちについて交流させて、板書にまとめる。

2

Q1 では、石川さんが行ったことや思いと村人の思いを、黒板の上下に分けて板書し、互いの思いが、より深まっていく様子を可視化する。

1

導入では、生活を支えてくれている方々、今の暮らしを築いてくれた方々のことを思い浮かべ、板書しておく。後半で自分との関わりで考えることができる。

準備するもの・作り方

○ ワークシート
　　💿 4-13-1
○ 場面絵
　　💿 4-13-2、3

板書を生かして盛り上げる工夫

○ 人々のために力を尽くした石川さんの思いと、日々尽くし、支えてくださっている方々の思いとの間の共通性が見いだせるように板書する。

評価のポイント

○ 自分のためにしてくれていたたくさんの方々の思いについて、多面的・多角的な見方へと発展させている。
○ 人々のために尽くした方、日々支えてくださっている方々への思いを、自分との関わりで具体的に深めている。
○ ワークシートの記述・発言を通して評価する。

4年 言葉のまほう

出典：廣あ

B3 礼儀	主題名 **真心のこもった言葉**

1 ねらい

相手の気持ちや受け止め方を考え、誰に対しても真心をもって接しようとする態度を育てる。

2 教材の概要

欲しかったゲームを買うため急いで店に入ろうとしたぼくは、入り口で男の子とぶつかり怒鳴り合いになる。次の日、別の店で違う男の子とぶつかり持っていた品を落とす。相手は丁寧な言葉で謝り落ちた品を拾い集める。その姿にぼくも丁寧に接すると、互いに笑顔になった。

3 教材を生かすポイント

○ 他の子とぶつかることは、児童の日常生活でもよくある。導入場面で、同様の場面を想起させ、その時の気持ちを考えさせることで、ぼくへの自我関与を促したい。

○ 同じぶつかるという場面なのに、ぼくの態度や心情が異なる理由を問うことで、ねらいとする道徳的価値に迫っていく。

4 本授業の展開

学習活動と主な発問等	●指導の手立て ◆板書の工夫
1 学校の廊下で児童同士がぶつかり、互いに嫌な顔をしているイラストを見て、同じ経験がないか想起する。	● 学校生活のイラストを提示し、その言動を考えることにより、教材の内容を身近に感じられるようにする。
2 教材「言葉のまほう」を読んで話し合う。	◆ 範読しながら、2つの場面絵を左右対称になるよう掲示する。
言葉にはどんな「まほう」があるのだろうか	
Q1 2つの場面で共通していることと違うことは何だろう。 2-1 **Q2** どうしてそれぞれの場面の、「ぼく」や「男の子」の気持ちは、こんなに違うのだろうか。 2-2 **Q3** 言葉にはどんな「まほう」があるのだろうか。 2-3	◆ 児童の言葉を用いて、それぞれの場面の相違点が明確になるように板書する。 ● ぼくと相手の男の子役で役割演技させる。演技した児童や見ていた児童に感想を聞き、互いの気持ちを考えさせる。 ● ワークシートに書かせ、自分の考えをもてるようにする。
3 実生活を振り返り、これからどんな言葉や態度で人と接していくか、考える。	● 今までの自分を振り返り、これからの自分をイメージし実践意欲を高める。

言葉のまほう　真心のこもった言葉や態度を考えよう　**2-3**

言葉には　┃おたがいの心をあたたかくする　相手の心を優しくする┃　まほうがある

・ぶつかった　**2-1**

・相手のせいにしてどなる

・男の子は怒っている

・互いに怒ってて、男の子はイライラしている。

（ぼく）
・いたい！何するんだ！
・お前のせいなのに、なんてやつだ！
・いやなやつだ。

（男の子）
・急に入ってくるお前が悪い！
・いらいらするなあ！

・相手のことを考えて言っているか
・自分のことばかり考えているかどうか
・最初の返事で優しい言葉を使っているか

・ぶつかった　**2-1**

・相手がすぐに謝った

・ぼくの方もすぐに謝った

・互いに笑顔になって、帰る時嬉しくなっている

（ぼく）
・謝ってくれてうれしい
・僕も悪かったからしょうがない。

（男の子）
・みかん落としてごめん。ぼくが悪かったよ。
・ぼくのせいで落としたのに一緒にひろってくれてうれしい

2-2

1

教師が範読中、それぞれの場面のところにきたら、その場面絵を貼る。**Q1**では、2つの場面絵に共通する点、異なる点を児童の言葉で板書する。

2

役割演技後に児童が考えたぼくと男の子の気持ちを比較しやすいように箇条書きする。**Q2**に対する答えとなることを児童の言葉で中央に強調して書く。

3

Q3では、ワークシートに書く時間を確保したのち、発表させる。**Q2**からつながる重要な主題となる部分なので、矢印でつなげ、黒板上方に大きく強調して書く。

準備するもの・作り方

○ ワークシート
　💿 4-14-1
○ 場面絵
　💿 4-14-2、3
○ 「ぼく」と男の子の役割カード（首下げ式）
○ 学校生活のイラスト

板書を生かして盛り上げる工夫

○ 主題を考えるのに重要だと思われる言葉はチョークの色を変える。2つの場面を構造的に板書することで、児童が違いを捉えられるようにする。

評価のポイント

○ 同じ場面でも言葉のちがいで、どのように伝わるのかについて考えている。

○ 「言葉のまほう」について考え、どのように生活に生かしていきたいか考えを深めている。

○ 発言・役割演技・ワークシートの記述により評価する。

4年 教材名 泣いた赤おに

出典：光村、学研、学図、光文 (3 年)

B4 友情、信頼	主題名 友だちを思う心

1 ねらい

　青鬼の自分に対する思いに気づいた赤鬼が、涙を流す姿を通して、友情や信頼について考え、友達を大切にしようとする心情を育てる。

2 教材の概要

　人間と仲よくなりたいという夢をもつ赤鬼の願いを叶えるべく、自らが悪者となり青鬼は一芝居打った。しかし、友達の夢を叶えることに成功した青鬼はさらにその夢が続くことを願って手紙を残し去っていく。赤鬼は、なくして初めて本当の友達の存在に気付き深く涙する。

3 教材を生かすポイント

○ 絵本の挿絵を効果的に用いて範読し、内面に響かせる。

○ 青鬼を犠牲にすることにとまどいつつも結局青鬼に甘える事実や、夢がかなって喜ぶ様子を捉えさせる。

○ 青鬼の残した手紙を、赤鬼が二度も三度も読み涙する場面での赤鬼の気付きや思いを深めるために、手紙の範読を工夫する。

4 本授業の展開

学習活動と主な発問等	● 指導の手立て　◆ 板書の工夫
1 価値に関わる自分の状況を伝える。	●「本当の友達」とは、どのようなものか話し合う。
本当の友達について考えよう	
2 教師の範読を聞き、話し合う。 ・価値への理解を深める。 　Q1 赤おににはどんな夢があったのか。 　Q2 その夢は叶ったのか。 　Q3 赤おには涙を流しながら、どんなことを思っているのだろうか。 **3** 本時の価値を自分に引き寄せて考える。 　Q4 今日の授業を通して、学習テーマについて考える。	●夢が叶ったのに、泣く赤鬼を捉えさせ、その理由はなにか、なぜなのかを児童に考えさせていく。 ●ワークシートに記入し、グループで話し合わせ、全体で交流する。 ◆児童と対話しながら、短い言葉でまとめて板書する。 ●多面的・多角的に考えられるよう意図的に指名する。 ●ワークシートに記入する。
4 自分を振り返り、よりよい生き方について考える。	●今後、どのように友達に接していきたいかを具体的に考えさせ、実践につなげる。

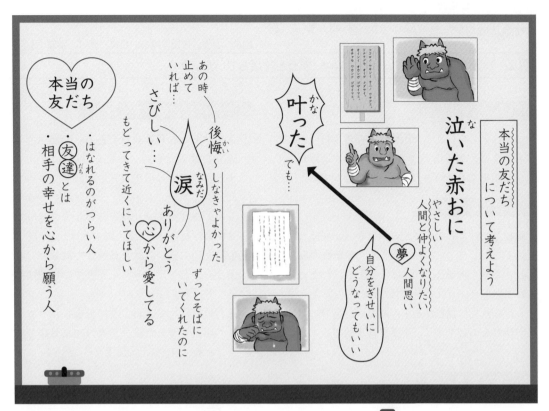

Q4 では、「本当の友だち」の下に、児童の本時での学びを書き広げ、深めていく。

Q3 では、「涙」と青チョークでしずくの中に書き、まわりに多様な児童の発言を短い言葉で広げるように書く。涙の理由を多面的・多角的に考えさせていく。

Q1 **Q2** では、赤鬼の「人間と仲よくなりたい」という夢がかなったことを矢印でつなぎ、印象付ける。

童の考えをキーワードや短い文で書き、考えを深められるようにする。

準備するもの・作り方

○ ワークシート

　🔘 4 –15– 1

○ 挿絵、場面絵

　🔘 4 –15– 2 〜 6

板書を生かして盛り上げる工夫

○ 話の展開がしっかり伝わるように、立札を壊すシーンではタイムリーに板書に×印を付ける。

○ 実際、赤鬼の夢は叶ったことを印象付けるよう矢印でつなげる。

○ ハート形の「本当の友だち」の周りに、児

評価のポイント

○ 役割演技を通して、赤鬼の気持ちや思いを考えている。

○ 本当の友達とは何かについて考え、これからの自己の生き方に生かそうとしている。

○ 発言・役割演技・話し合いの様子・ワークシートの記述により評価する。

4年 絵葉書と切手

出典：学図、教出、廣あ、日文、光村、学研（3年)

| B4 友情・信頼 | 主題名 ずっと友だちでいたいから |

1 ねらい

　友達の過ちを伝えるか否か迷うひろ子について考えることを通して、互いに信頼し、助け合い、友情を深めていこうとする態度を育てる。

2 教材の概要

　転校した仲よしの正子から絵はがきが届く。その葉書は、心のこもった内容にもかかわらず、定形外で料金不足だった。「正子に教えた方がよい」という兄と「お礼だけにしたら」という母の意見に悩むひろ子だったが、自分の思いが伝わることを信じ、手紙を書き始める。

3 教材を生かすポイント

○ よく知られた葛藤教材である。葛藤場面を際立たせるために、教材を分け、「まよいました」までの前半のみを範読し、中心発問に入る。そこで、「自分だったらどうするか」を考えさせ、教材を通して、自分を見つめ、ねらいへと迫っていく。

○ 中心発問の後、教材を最後まで読み、ひろ子と自分とを比べ、ねらいとする価値について考える。

○ 兄と母を対比できるように板書し、それぞれの意見を考えた後、二人の友だち観を短くまとめ、自分の生活に生かしていく。

4 本授業の展開

学習活動と主な発問等	●指導の手立て ◆板書の工夫
1 定形外郵便について説明する。	●不足料金を説明しておく。
2 教材「絵はがきと切手」を読んで話し合う。	●「まよってしまいました」まで範読し、中心発問後、最後まで示す。
大切な友だちについて考えよう。	
Q1 兄はどんな考えから「教えてあげたほうがよい」と言ったのでしょう。 2-1	●絵はがきを受け取ったひろ子の気持ちを押さえた上で発問に入る。
Q2 母はどんな考えから「お礼だけ」と言ったのでしょう。 2-2	◆「兄」「母」の考えを発表させ、板書する。一通り意見が出た後、二人の友達観を短くまとめる。
Q3 自分がひろ子だったら、どうしますか？ 2-3	●ワークシートに記入し、じっくりと考えさせ、「どうしたらよいか」話し合う。
Q4 （教材の後半を示し）ひろ子は、手紙に何と書いたでしょう。 2-4	●手紙の内容を考えることで、実際に「どう伝えたらよいのか」に触れ、自分の生活に生かそうとする気持ちを高める。
3 今日の学習を通して、友達について考えたことを書く。	
4 教師の友人についての話を聞く。	●困ったときの一言や過ちを指摘してくれた声など教師の体験を伝える。

絵葉書と切手　大切な友だちについて考えよう！

2-1
・友だちなら、まちがいはきちんと教えてあげたほうがよい。
・もし他の人にもこのように出したらきられてしまう。
・どんなことでも言えるのが友だちだ。

何でも言えるのが友だち　自分だったらどうするか

【定形外郵便】
23.5cm　12cm　1cm

2-3
・他の人にも同じまちがいをしないように教えてあげる。
・はなれているから、よろこんでもらえるよう、お礼だけにする。

母
相手の気持ちを思うのが友だち
・せっかくくれたのだから、お礼だけにした方がいい。
・まちがいだと言われたら、気分を悪くする。
・けんかになったら大変。

お元気ですか。蓼科高原に行きました。ぜひ来て下さい。

2-4

2-2
お手紙ありがとう。・・・とてもうれしかったよ。会うのが楽しみです。写真を見て、すぐにでも行きたくなりました。最後に、葉書が大きいので料金が少しだけ足りませんでした。私はだいじょうぶだけど、他の人には気を付けてね。

ずっと友だちでいたいから
・何でも言い合う
・たがいの気持ちを分かり合う
・相手の気持ちをよく理解する

「兄」と「母」の考えをそれぞれ考え、吹き出しに板書していく。一通り出された後、「友だち観」を短くまとめ、中心発問や最後の振り返りに生かす。

3
Q3 以降では、母も兄も友達を思っていることに気付かせ、「自分なら」と問う。「どうするか」を話し合うことで、友達についての考えを深めていく。

2
Q2 では、「お礼だけ」という母の言葉を取り上げ、どんなことを考えているか考え、板書する。兄の考えと逆にあることに気付かせ、友達への考えの視点を増やしていく。

1
Q1 では「教えたほうがいいよ」という兄の言葉を取り上げ、どんなことを考えているか考え、板書する。その後に、短く友達観をまとめ示すことで、中心発問に生かしていく。

ていることに気付かせることで、大切な友達について考える材料としていく。
○ 最後に具体的な伝え方にふれることで、自分の生活との接点を作る。

準備するもの・作り方

○ ワークシート
　　🔘 4-16-1
○ 実物の葉書と定型の図
○ 場面絵
　　🔘 4-16-2〜6
○ 手紙文の1例

板書を生かして盛り上げる工夫

○ 定形外郵便の説明では、実物の絵葉書などを見せて学習への関心を高める。
○ 「兄」と「母」を対比的に掲示する。二人の行動は逆だが、互いに友達のことを思っ

評価のポイント

○ 兄の考えや母の考えの違いに気付き、それぞれのよい点を思い浮かべ、友達について考えている。
○ 友達との関係について考え、自分の友達観を広げている。
○ 発言・反応、ワークシートでの記述などで評価する。

4年 いのりの手

出典：学研

B4　友情、信頼　　主題名　友情とは

1　ねらい

友達のことを互いに理解し、信頼し合うことのすばらしさに気付き、支え合い、助け合おうとする心情を育てる。

2　教材の概要

五百年ほど昔、デューラーとハンスという仲のよい若者がいた。絵の勉強をしたかったが貧しいため、交代で勉強することにする。そこでデューラーが、はじめに勉強し、ハンスは鉄工所で働いてお金を送り続けた。絵の勉強が終わり、再会すると、デューラーはハンスのごつごつした手を握りしめて泣き、ハンスの手を心を込めて描く。

3　教材を生かすポイント

○ デューラーとハンスの姿を通して、互いのことを理解し、思い合い、信頼し合うことが互いの力になることに気付かせ、友情について深く考えさせたい。

○ デューラー役とハンス役の二人で語り合う役割演技を通して、互いに相手を深く思い、友情を深めていく様子を十分に感得させたい。

4　本授業の展開

学習活動と主な発問等	●指導の手立て　◆板書の工夫
1「いのる手」を見て、描き手の思いを想像する。	◆デューラーが描いた「いのる手」を黒板に貼り、どのような思いで描いたものなのかを想像させることを通して、教材へといざなう。
2 教材「いのりの手」を読んで話し合う。	
友情を育むために大切なことは何だろう。	
Q1 どちらが先かを決めた時の2人の気持ちはどんな気持ちだろう。**2-1**	◆2人の思いを可視化する。 ●友達の支えになることを決意したハンスと、そのときのデューラーの気持ちをおさえる。
Q2 数年後の2人はどんな気持ちだろう。**2-2**	●離れていても互いのことを思う2人の気持ちをおさえる。
Q3 再開の時、デューラーがハンスの手を握りしめたまま声をあげて泣いたのはどうしてだろう。	●2人の思いや気持ちを表現させ、深く捉えさせる。 ●役割演技を通して、さらに多角的に考えていくようにする。
3 学習テーマについて考える。**3**	●「いのりの手」について再度考え、学習テーマについて考えを交流する。

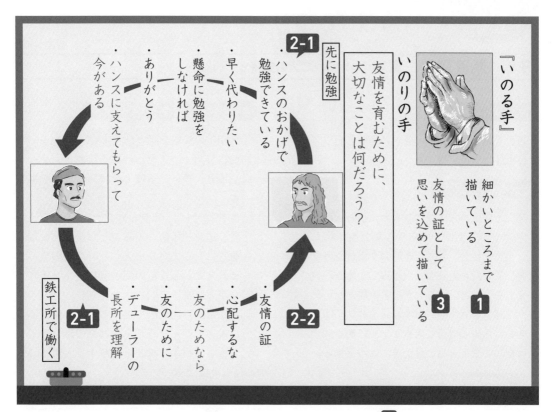

3

Q3 では、ハンスの手を握
りしめたまま声をあげて泣
き出した理由を考えさせ、
児童たちの発言内容を板書
することで、その後の役割
演技に生かすようにする。

2

Q2 では、離れていても信
じ合っている様子が分かる
ように、構造的に板書す
る。双方向の思いが視覚的
に分かるように、双方向の
矢印を使って表すことが効
果的である。

1

授業の導入で「いのる手」
を見たときの感じ方を板書
しておく。さらに、授業の
後半で「いのる手」を見た
ときの感じ方を板書し、絵
から友情を実感できるよう
にする。

準備するもの・作り方

○ ワークシート
　💿 4 –17– 1
○ 登場人物、「いのる手」のイラスト
　💿 4 –17– 2 〜 4

板書を生かして盛り上げる工夫

○ 「いのる手」を拡大して黒板に提示し、授
　業の初めに見たときの感じ方と、授業の終
　わりに見たときの感じ方を比較できるよう
　にする。

評価のポイント

○ 「デューラーとハンスの人間関係を通し
　て、友達のことを理解し、信頼し合うこと
　のすばらしさについて考えている。
○ 友情を育むために大切なことについて考
　え、自己の生き方についての考えを深めて
　いる。
○ 発言・役割演技・ワークシートの記述によ
　り評価する。

4年 へらぶなつり

出典：学研

B5 相互理解、寛容　主題名 二人の気持ち

1 ねらい

自分を謙虚に見つめ、互いに理解し合っていこうとする態度を育てる。

2 教材の概要

健二と明はへらぶなつり大会に挑む。明は父の宝物である手作りへらうきを無断で持ち出し、大会に挑む。ところがさおを上げようとした時、釣り針が石に引っかかってしまう。健二がさおを引くと、へらうきは手の届かないところへ。怒りを表す明。何度も謝る健二。明は父に叱られるのを覚悟し謝るが、父は明を許す。明は健二のことを思い浮かべ、はっとする。

3 教材を生かすポイント

○「相手の意見を認めない」「人の失敗を一方的に責める」ことについて事前アンケートを取り、事前と事後との自分の変容を捉える。

○本教材では、明の心の揺れや変化を通して、道徳的価値に迫ることが重要となる。健二に対して怒りを表した時の明の気持ちと、父と話した後の明の気持ちを対比させながら展開していく。

○明が電話に向かって走っていった後、健二に対してどんな言葉をかけたのかを考えることで、相手のことを理解する大切さについて考えさせていく。

4 本授業の展開

学習活動と主な発問等	● 指導の手立て　◆ 板書の工夫
1 事前アンケートの結果をもとに、学習する価値項目を知る。 **1**	●相手を理解し、自分と異なる意見を大切にできないことがあることをおさえる。
相手を理解するために、大切なことは何だろう。	
2 教材「へらぶなつり」を読んで話し合う。 **Q1** 明が健二を無視しながら、一人で家へと向かっている時、明と健二はどんなことを考えていたのだろう。 **2-1** **Q2** 責めなかった父の話を聞いて、明はどんなことを考えていただろう。 **2-2** **Q3** 父の話を聞いて、明は電話で健二になんと言うだろう。 **3** 相手を理解するために、大切なことを考える。 **3**	●明、健二、父のそれぞれの気持ちを考えることで、それぞれの立場を捉えられるようにする。 ◆父の話を聞く前と後での明の気持ちの変化をおさえられるようにする。 ●明が健二に言う内容を友達と交流することで、明の思いを多面的に捉えられるようにする。 ●自分と異なる意見を大切にできないこともあることをおさえ、相手を理解するために大切なことを考える。
4 教師の説話を聞く。	●自分の体験談を話す。

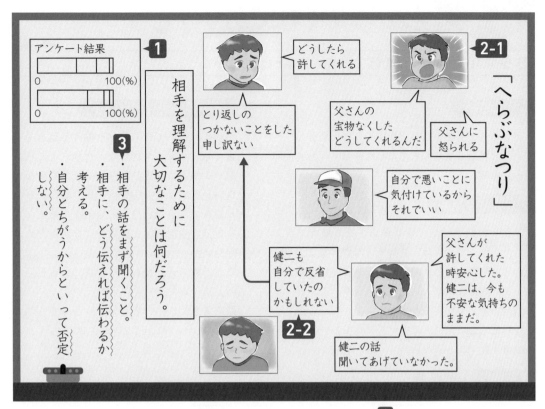

3

3では、学習テーマに対する児童の考えを板書する。自分と違う意見を大切にする、相手の立場を考えて行動するなど、キーワードになりそうなものには色を付けるなどする。

2

Q1〜**Q3**では、それぞれの登場人物の絵を掲示する。児童から出た意見をもとに、それぞれの気持ちを吹き出しにして板書する。また、明の心の揺れや変化は、色を変えるなどする。

1

導入で事前に行ったアンケート結果を提示し、誰しもが友達の失敗に対して一方的に責めたり、自分と違う意見を認められなかったりした経験があることから、学習テーマを設定する。

準備するもの・作り方

○ ワークシート
　　4-18-1
○ 登場人物の絵
　　4-18-2〜6

板書を生かして盛り上げる工夫

○ 児童の考えを時間軸で分類して整理する。例えば、健二のことを無視している時の明と健二の気持ちを上段に整理し、父の話を聞いた後の明と健二の気持ちを下段に整理する。

評価のポイント

○ 登場人物の心の揺れや変化を通して、相手を理解するために、自分と違う考えを大切することに気付いている。

○ 明が健二にかける言葉を考えることを通して、相手の立場や気持ちを考えながら話す内容を考え、道徳的価値を自分事として捉えている。

○ ワークシート・グループでの話し合い活動の様子をもとに評価する。

4年 教材名 わかってくれてありがとう

出典：教出

B5 相互理解、寛容 | 主題名 相手とわかり合って

1 ねらい

自分の考えを伝えたり、相手のことを理解して自分と異なる意見も大切にしたりしようとする心情を育てる。

2 教材の概要

学級会の話合いで、意見がまとまりそうになったとき、なつみは、骨折で休んでいるこうたのことを思い出し、内容を変えるように提案する。一度は聞いてもらえなかったが、まさとに自分の考えを伝えるとまさとはなつみの考えを理解して受け入れ、再度学級に提案し、もう一度考え直すことになる。

3 教材を生かすポイント

○ 中学年においては、自分と違う考えを受け止められずに感情的になったり、それらの違いから対立が生じたりすることも少なくない。そのような中で、学級の話合いという児童の身近な題材を活用することで、より自分の生活経験と関係付けながら考えさせたい。

○ まさとの考えが変わった背景にある思いや考えについてじっくりと考えさせたい。また、まさとが自分の考えを分かってくれたときのなつみの心情を考えさせたい。

4 本授業の展開

学習活動と主な発問等	●指導の手立て ◆板書の工夫
1 友達と分かり合えた時とそうでない時の経験やそのときの心情を想起し、考えていきたい問題に気付く。	● 分かり合えたときとできなかったときの心情を発表させ、それらの違いから、考えていきたい問題に気付かせる。
2 教材「わかってくれてありがとう」を読んで、話し合う。	● 教材を一読する前に、自分の意見が受け入れられない状況について考えさせる。
分かり合うには、どんな気持ちや考えが大切だろう。	
Q1 みんなが話を聞こうとしてくれなかったとき、なつみさんはどんな気持ちだっただろう。 **2-1**	● 自分の考えを分かってもらえないなつみさんの心情について考えさせる。
Q2 まさとさんが、自分の考えを変えて、もう一度発表したのは、どんなことを考えたからだろう。 **2-2**	● まさとさんの行動が変わった背景にある考えについてじっくりと考えさせるために、ワークシートを活用する。
Q3 なつみさんは、この話合いのあと、まさとさんに何と言うだろう。 **2-3**	◆ 分かり合えないときの心情と分かり合えたときの心情を対比的に板書する。
3 学習したことを振り返り、考えたことをまとめる。	● 自分の考えを分かってもらえたなつみさんの心情について考えさせることで、最初の心情との変化に気付かせる。
4 分かり合うことについて、教師の話を聞く	● 自分の考えを伝えたり、相手の考えを受け入れたりして、お互いに分かり合えたときの教師の体験談を話す。

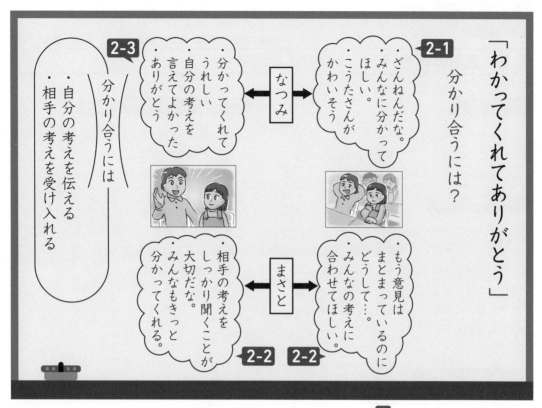

「わかってくれてありがとう」
分かり合うには？

2-1 なつみ
・ざんねんだな。
・みんなに分かってほしい。
・こうたさんがかわいそう

2-3 なつみ
・分かってくれてうれしい
・自分の考えを言えてよかった
・ありがとう

分かり合うには
・自分の考えを伝える
・相手の考えを受け入れる

まさと 2-2
・もう意見はまとまっているのにどうして…。
・みんなの考えに合わせてほしい。

まさと 2-2
・相手の考えをしっかり聞くことが大切だな。
・みんなもきっと分かってくれる。

B　主として人との関わりに関すること

3

Q3 では、自分の考えを受け入れてもらったときの心情を考えさせたあとで、「分かり合うには」と板書し、本時の学習を通して自分なりに考えたことをノートに整理し、発表させる。

2

Q2 では、まさとさんがなつみさんの考えを受け入れなかったときと受け入れたときの変化が分かりやすいように、2つを対比して板書する。

1

Q1 では、自分の考えを分かってもらえないなつみさんの心情について考えさせ、板書する。その際、挿絵を効果的に活用し、なつみさんの表情にも着目させる。

準備するもの・作り方

○ ワークシート
　　4-19-1
○ 教材の挿絵
　　4-19-2、3

板書を生かして盛り上げる工夫

○ 分かり合えないときと、分かり合えたときの心情の変化を構造的に捉えるために、なつみさんとまさとさんの心情を対比して板書する。

評価のポイント

○ 自分の考えを伝えることや相手の考えを受け入れることの大切さについて、様々な立場から考えている。
○ 教材の登場人物を自分に置き換えて考え、自分の生活とつなげて考えている。
○ 事前の実態調査との比較・授業中の発言・ノート記述によって評価する。

4年 教材名 雨のバスていりゅう所で

出典：学研、学図、教出、廣あ、光文、東書、日文、光村

C1　規則の尊重　　主題名　**みんなが気もちよく**

1　ねらい

きまりやルールは、私たちの生活をよりよくしていくためにあることを理解し、進んできまりを守っていこうとする態度を養う。

2　教材の概要

雨の日、バスが来たのを見たよし子は、先に並んでいた人を無視して先頭に並ぶ。そんなよし子を、お母さんは元の順番に戻す。結局よし子は座ることができなかった。しかし、いつもと違うお母さんを見ているうちに、よし子は自分のしたことを考え始める。

3　教材を生かすポイント

○ 一般的な社会のきまりの意義を理解した上で、それを公共の場においても生かしていこうとする「公徳心」につなげて考えさえたい。

○ それぞれの立場の思いを考えさせることで、誰にも共通する思いがあることに気付かせ、きまりの意義についての考えを深め、実践につなげたい。

4　本授業の展開

学習活動と主な発問等	●指導の手立て　◆板書の工夫
1 マナーに関する映像や写真を見て、学習テーマを設定する。	● マナーに関わる映像をみて、自己を振り返り、課題意識をいだかせる。
2 教材「雨のバスていりゅう所で」を読んで話し合う。	● 場面絵を使って、視覚的にしっかりと教材の中のきまりを押さえる。
みんなが気持ちよく過ごすために大切なことは何だろう	
Q1 よし子、お母さん、バスを待つ人はどんな気持ちでしたか？ 2-1 Q2 バスの中で、よし子はどんな思いを抱くようになったと思いますか。 2-2 **3** きまりではないが、私たちが生活の中で考えなくてはならないマナーについて考える。 Q3 きまりではないが、私たちが守るべきマナーにどんなものがあるだろう **3** 学習テーマについて考える。	● バス停で並ぶことは、きまりではないが、なぜ皆が並ぶのかを考えさせる。 ● 母ではなく、窓を見ながら考えている思いに迫らせる。 ● 役割演技をする（教師が母役となり、追発問で本音に迫る） ● きまりやマナーの意義について考えを深めさせる。
4 きまりを守るための大切な心について振り返る。	● これからの生き方について思いを広げ児童一人一人が書いた振り返りを交換する時間をとり、深める。

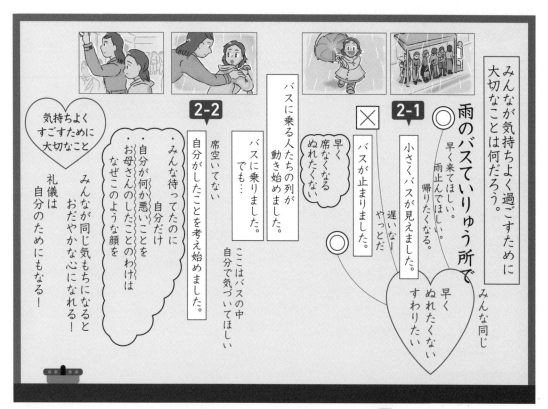

3

❷では、母の横顔でなく、窓を見ていることを窓の絵を貼り明らかにする。価値についての深まりを振り返りとして板書する。

2

❶では、よし子だけがマナーを守れないことを×と印象付け、よし子、お母さん、バスを待つ人の三者に共通する思いをまとめる。

1

教材のタイトルおよび本時のめあて「みんなが気持ちよく過ごすために大切なことは何だろう」を書く。雨の中でバスを待っている時の気持ちを考えさせ、板書する。

について多様な児童の考えを端的に書く。

準備するもの

○ ワークシート
　4-20-1
○ 場面絵
　4-20-2〜5

授業を生かして盛り上げる工夫

○ よし子、お母さん、バスを待つ人のきまりの守り方の違いについて考える中で、「同じ思いでバスを待っていた」ことをわかりやすく矢印でつなぐ。
○ 授業のめあてと振り返りを呼応させ、「みんなが気持ちよく過ごすために大切なこと」

評価のポイント

○ 他の人の立場になって、公共の場でどのように過ごしたらよいか考えている。
○ みんなが気持ちよく過ごすためにきまりやマナーがあることに気付き、実践意欲を高めている。
○ 役割演技やワークシート、授業中の発言により評価する。

4年 教材名
わたしにはゆめがある─マーティン・ルーサー・キング・ジュニア─

出典：廣あ

C2 公平、公正、社会正義 | 主題名 **世の中を変えるたたかい**

1 ねらい

誰に対しても平等に分け隔てなく接し、正義の実現に努めようとする態度を育む。

2 教材の概要

公民権運動の指導者として活躍したマーティン・ルーサー・キング・ジュニア。彼は少年時代、人種差別により仲よしの白人の友達と遊ぶことができなくなった。その後、不公平な扱いを幾度も受けてきたマーティンは、差別に対して毅然と対応しようと決意した。そして、暴力によらない人種差別解消の運動を続け、1964年にノーベル平和賞を受賞した。

3 教材を生かすポイント

○ 本授業の道徳的価値は、現代の大きな社会問題となっているいじめの問題や、社会における人権に関する諸課題に深くかかわる。児童が主体的に道徳的価値への自覚を深めることができるよう、問題解決的な学習を展開したい。

○ 話し合いを通して、周囲の雰囲気や先入観に流されてしまう人間の弱さや、それを乗り越えていくための「正義の実現に努める心」の大切さに気付かせていくことが重要となる。

4 本授業の展開

学習活動と主な発問等	● 指導の手立て ◆ 板書の工夫
1 マーティン・ルーサー・キング・ジュニアについて知る。	● 人物の写真を提示し、経歴や当時の時代背景についておさえる。
差別や不公平をなくすために、必要なこととは何だろうか。	
2 教材「わたしにはゆめがある」を読み、話し合う。 **Q1** 友達のお母さんに遊んではいけないと言われた時、マーティンはどんな気持ちだったのだろうか。 **2-1** **Q2**「非暴力主義」で人種差別をなくそうと活動するマーティンの生き方を支えていたのは、何だろうか。 **2-2** **Q3** 大集会の中で演説しながら、マーティンはどんなことを考えていたのだろう。	◆ 当時のトイレやバスの座席の写真を提示し、時代背景について整理する。 ● マーティンへの態度が、他人への差別や偏見につながっていることを確認する。 ● 非暴力による抗議活動を続けたマーティンの立場に立って考えたことを、ワークシートに記入する。 ● 多くの困難を乗り越え、自分の信じた正義が広がったことをおさえる。
3 差別や不公平をなくすために必要なことについて考える。 **3**	◆ 児童の発言から、価値項目に迫るものを板書し、多面的に考えを深める。
4 教師の説話を聞く。	● 正義の実現に努めることの大切さに目を向けられるようにする。

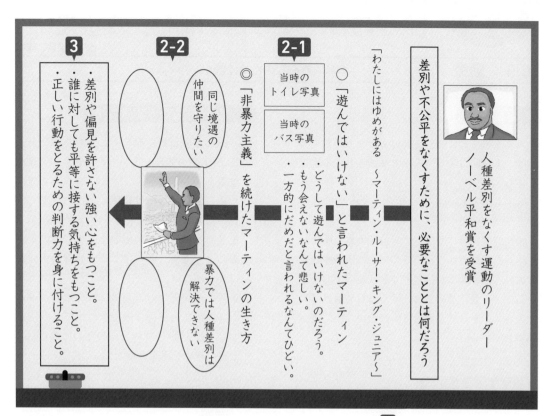

3

学習テーマについて考える場面では、周囲の雰囲気や意見に流されてしまう人間の弱さ、それを乗り越えるため「正義の実現に努める心」をもつことの大切さについて整理し板書する。

2

Q2 では、ワークシートに書いた考えをもとに全体で交流する。共通する考えやキーワードとなる言葉を強調しながら板書し、学習テーマについて考える活動につなげる。

1

導入では、当時の人種差別への理解を深めるため、黒人と白人で分けられたトイレやバスの写真を提示する。黒人にとって不公平な扱いを長年受けてきたことを実感できるようにする。

準備するもの・作り方

○ ワークシート

　💿 4-21-1

○ マーティンのイラスト

　💿 4-21-2、3

○ 人種差別の様子が伝わる当時の写真
　（黒人用・白人用トイレやバスの座席など）

板書を生かして盛り上げる工夫

○ 中心発問では、児童の発言から共通している部分を、キーワードとして板書し、多角的に学習テーマについて考えを深めさせていく。

評価のポイント

○ 友達との対話を通して、差別や偏見にどう向き合えばいいかについて考えている。

○ 誰に対しても差別や偏見をもつことなく接し、正義の実現に努めようとする実践意欲を高めている。

○ 全体での話し合い活動の様子・中心発問や学習テーマに対するワークシートの記述により評価する。

4年

教材名
神戸のふっこうは、ぼくらの手で

出典：学研、光村

| C3 | 勤労 | 主題名 | みんなのために働く |

1 ねらい

みんなのために働くことのよさや大切さを多面的・多角的に考え、進んで働こうとする態度を育む。

2 教材の概要

神戸の震災時における、学校での避難所生活を描いた教材である。担任の先生の活動や、自分よりも小さな子が自分のできる範囲でお手伝いしている姿に触発され、ぼくは自分も自分にできることをしようと自主的に動いていく姿が描かれている。

3 教材を生かすポイント

○「みんなのために働く」ことの具体例として、「大便の処理」といった誰しもが気後れするような作業も描かれている。「みんなのために働く」ことは綺麗ごとだけでなく、負の面もあることにも目を向けさせる。

○小さな女の子のお手伝いを見て自分のできることを考えて動くぼくの姿から、実践力につなげたい。

○最後の大山先生の言葉は、ぼくたちがみんなのために自主的に動く前は出てきた言葉かどうかを問い、「みんなのために働く」前と後の違いを考えさせたい。

4 本授業の展開

学習活動と主な発問等	● 指導の手立て ◆ 板書の工夫
1 学習前の価値理解を確認する。 **Q1** 「みんなのために働く」とはどういうことだと思いますか？	●「何をしたか」「よさ」「難しさ」で分け、ワークシートに書く。 ◆黒板の中心に「みんなのために働く」、線を引き、3つの視点で分けて書く。
2 教材を読み、話し合う。	●「新たに気付いたことを黒板にどんどん書き加えていこう」と声をかける。
「みんなのために働く」ことについて考えよう	
Q2 先生は、何を、どんな思いでしていたのでしょうか？ 2-1 ㋪それは自分たちにできますか。 **Q3** 女の子は、何を、どんな思いでしていたのでしょうか？ 2-2 **Q4** 紙しばいや絵本を読みはじめたぼくは、先生のことば「君たちがいる限り、神戸はりっぱに立ち直る」からどんなことを考えたのでしょうか？ 2-3	●先生や女の子のしたことについて3つの視点から考えさせていく。 ●先生の言葉について「ぼく」が気付いたことをより深く考えさせていく。
3 学習を振り返り、学習テーマについて考える。	●「みんなのために働く」ということについて考えたことをワークシートにまとめ、共有する。

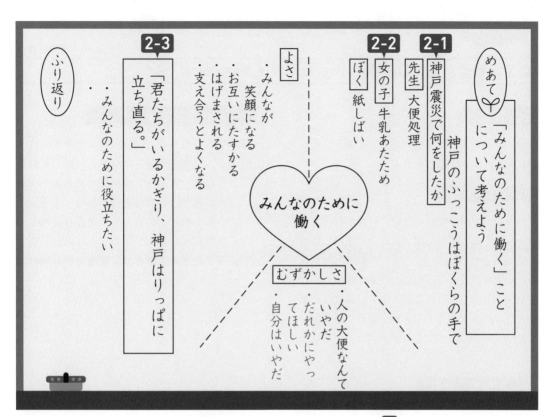

板書内容（黒板）

めあて

「みんなのために働く」ことについて考えよう

神戸のふっこうはぼくらの手で

2-1
神戸震災で何をしたか
先生　大便処理

2-2
ぼく　紙しばい
女の子　牛乳あたため

よさ
・みんなが笑顔になる
・お互いにたすかる
・はげまされる
・支え合うとよくなる

みんなのために働く

むずかしさ
・人の大便なんていやだ
・だれかにやってほしい
・自分はいやだ

2-3
「君たちがいるかぎり、神戸はりっぱに立ち直る。」

ふり返り
・
・みんなのために役立ちたい

3

先生のことばを受けて「ぼく」の思いを書く。出てきた児童の意見を板書していく。出てきた意見と「みんなのために働く」を関連させて考えられるよう、丸で囲み線でつないだり、追記したりする。

2

「みんなのために働く」を中心に書き、囲む。3本の線を引き、3つの領域を作る。各領域に「神戸震災で何をしたか」「よさ」「難しさ」と書く。順番に児童の意見を書いていく。

1

教材のタイトルおよび本時のめあて「『みんなのために働く』ことについて考えよう」を書く。

準備するもの・作り方

○ ワークシート
　💿 4-22-1
○ 必要に応じて「女の子」や「ぼく」の顔

板書を生かして盛り上げる工夫

○「みんなのために働く」ことについて、導入時に出てくる意見と教材を読んだ後に出てくる意見を色を変えて板書する。ネーム磁石があれば活用したい。

評価のポイント

○「みんなのために働く」ことのよさについて、多面的・多角的に考えている。
○ 学習を通して学んだこと・気づいたことから、これからの自分の生き方について考えている。
○ 発言・ワークシートへの記述で評価する。

4年

教材名

点字メニューにちょうせん

C3 勤労、公共の精神 | 主題名 進んでみんなのためにはたらく

1 ねらい

働くことの大切さを知り、進んでみんなのために働こうとする態度を育てる。

2 教材の概要

のり子の両親が営む食堂に、目の不自由な客がやってくる。母親に頼まれたのり子は、店のメニューを全部読み上げ、その客に感謝される。その夜、のり子は国語の授業で勉強した点字でメニューを作ろうと思いつく。最初は点筆がうまく動かず、苦労するが、それでも頑張って仕事を続け、ようやく点字メニューが完成する。

3 教材を生かすポイント

○ バリアフリーやユニバーサルデザインについて、児童が理解を深め身近に感じられることも多くなった。国語科や総合的な学習の時間など、他教科と関連付けることで、より深くのり子の気持ちに共感させたり、具体的に「自分にできることは何か」を考えさせたりすることで、実践力につなげたい。

4 本授業の展開

学習活動と主な発問等	● 指導の手立て ◆ 板書の工夫
1 国語科の点字の学習を振り返り、教材への導入を図る。	
2 教材「点字メニューにちょうせん」を読んで話し合う。	
はたらくことの大切さについて考えよう	
Q1 目の不自由なお客さんにメニューを読んであげてと頼まれたとき、のり子はどんな気持ちになったのでしょうか。 2-1	● 「やった方がよい」と分かっていながら、不安や緊張から、なかなか行動に移せないのり子の気持ちを想起させる。
Q2 「ありがとう」と言われたとき、のり子はどんな気持ちになったのでしょうか。 2-2	● 仕事を通して、感謝される喜びや人の役に立つ喜び、満足感を感じているのり子の気持ちに十分共感させる。
Q3 手首の痛みをこらえ、点字メニューづくりを続けるのり子は、どんなことを考えていたでしょうか。 2-3	◆ 働くことで感じた喜びや満足感が、のり子の自発的な取組の原動力になっていることに気付かせる。
3 身近な人のために、自分にできることは何か、考える。	● ワークシートをもとに2～3人で交流し、実践意欲を高める。
4 子どもが進んで働く姿をまとめた映像資料を視聴する。	● 児童の行動が、身近な人々の役に立っていることを実感できるようにする。

3

Q3 では、**Q2** で味わった
喜びや充実感が、次の行動
の大きな原動力となってい
ることや、他の人の役に立
とうとするのり子の気持ち
を捉えさせる。

2

Q2 では、場面絵を掲示す
る。自分の行動が、お客さ
んに喜ばれ、感謝されたの
り子の喜びや充実感を **Q1**
の気持ちと対比できるよう
に、視覚化する。

1

Q1 では、導入で点字を紹
介する。仕事を頼まれたと
きののり子の緊張や不安を
捉えさせる。

めに」という、広い視点から考えさせてい
く。

準備するもの・作り方

○ ワークシート

　💿 4−23−1

○ 場面絵

　💿 4−23−2、3

○ （可能であれば）点字器

板書を生かして盛り上げる工夫

○ 頼まれて働くことで感じた喜びや満足感
　が、のり子の次の自発的な取組の原動力に
　なっていることに気付かせていく。

○ 「○○の不自由な方のために」のように限
　定的に考えさせるのではなく、「みんなのた

評価のポイント

○ 人のために働くのり子の姿を通して、働く
　ことのよさや大切さについて、多面的・多
　角的に考えている。

○ 生活の中で、身近な人のために、自分にで
　きることは何か考えている。

○ ワークシート・発言・ペア等での話し合い
　の様子により評価する。

4年

教材名
ブラッドレーのせいきゅう書(お母さんのせいきゅう書)

出典：学研、学図、教出、光文、東書、光村、廣あ(3年)、日文(3年)

C4 　家族愛、家庭生活の充実 　|　**主題名** 　家族の愛情を考えて

1 　ねらい

家族の愛情について話し合い、家族で協力して楽しい家庭をつくろうとする意欲を高める。

2 　教材の概要

ブラッドレーはお手伝いの代金として母親にお小遣いの請求書を書く。母親は、請求された4ドルとともに0ドルの請求書を渡す。ブラッドレーは母の請求書を見て、はっとする。何度も読み直しながら、母親の自分に対する愛情に気付き、涙し、家族の思いに応えたいという思いが沸き上がる。

3 　教材を生かすポイント

○ 中学年の児童の多くは、家族の大切さを理解している。しかし、親や祖父母の深い愛情や思いについては、当然のことと捉えている。そこで、二つの請求書を比較しながら、家族の思いや愛情に気付き、考えさせていくことで、家族への敬愛はもちろん、自身が家族の一員として、家庭生活に積極的に関わろうとする意欲を高めたい。

4 　本授業の展開

学習活動と主な発問等	●指導の手立て　◆板書の工夫
1 家族に対する希望を発表する。	● 「ゲーム時間を延ばして」など具体的な場面が考えられるようにする。
2 教材「ブラッドレーのせいきゅう書」を読んで話し合う。	
<div style="background:black;color:white">家族の思いについて考えよう</div>	
Q1 お母さんにせいきゅう書を書いた時、ブラッドレーはどんな気持ちだったでしょう。◀2-1	● 主人公の気持ちに共感できるようにする。 ● 問い返しを行い、多面的・多角的な考えができるようにする。
Q2 お母さん・ブラッドレーの2枚のせいきゅう書の違いは何でしょうか。◀2-2	◆ 二つの請求書を黒板の真ん中より左右対称に貼り、比較できるようにする。
Q3 お母さんの気持ちに気づいたブラッドレーはどんなことを考えたでしょうか。◀2-3	● 多様な考えにふれられるようにする。
3 1人1人が自分の家族について考える。	● 自分の家族のことを教材から離れて考えられるようにする。
4 家族に対する思いを友達と交流して、学習のまとめをする。	● 自分の家族について、考えたことや思いを表現できるようにする。 (ワークシート)

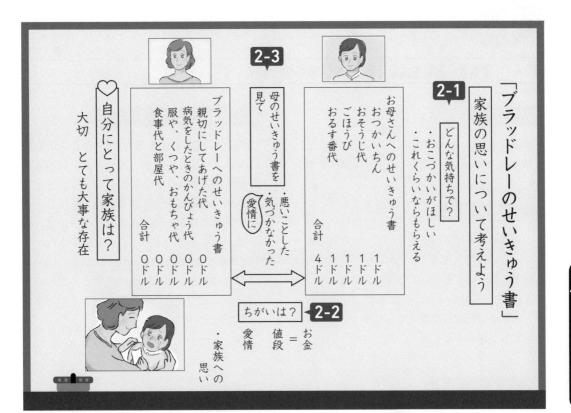

3

Q3 以降の、１人１人が自分の家族について考えることに移っていくときに、何について考えるか児童が十分に理解できるように、Q3 の板書内容をしっかり押さえるようにする。

2

Q2 では、２つの請求書を黒板の中央に貼る。その周辺にブラッドレーと母親の家族への思いについて、板書を見て、違いが分かるように対照的に示す。

1

Q1 では、ブラッドレーが請求書を書いた気持ちを黒板の右側部分にまとめ、ブラッドレーの請求書とつないで、Q2 に関連付けられるようにする。

準備するもの・作り方

○ ワークシート
　💿 4 –24– 1
○ 大きめの主人公と母親の 2 枚の請求書
○ 登場人物の絵・場面絵
　💿 4 –24– 2 ～ 4

板書を生かして盛り上げる工夫

○ 範読をしながら、ブラッドレーの請求書を黒板の右部分に、母親の請求書を左部分に対称的に貼っていく。

　また、Q2 の発問後、児童たちの考えを比較対照できるように分けて板書していく。

評価のポイント

○ 二つの請求書を見て、ブラッドレーと母親の思いの違いについて、比べて考えている。

○ 主人公と自分を重ねて考えて、今まで家族に対してどうであったか、これから家族に対してどうしていきたいかなどについて、自分の考えを表現しようとしている。

○ 発言や観察・ワークシートの記述などで評価する。

4年 ベッドの上の花ふぶき

出典：学図

C4　家族愛、家庭生活の充実 | 主題名 **家族の一員として**

1　ねらい

　家族の愛情について話し合い、家族で協力して積極的に家庭生活を関わろうとする態度を培う。

2　教材の概要

　ふみ子の身の回りの世話をしてくれるおばあちゃんがけがで入院する。「さくらの咲くころには退院したい」と言っていたが、四月になっても退院できなかった。そんなおばあちゃんに、ふみ子は花びらを拾って、祖母のベッドの上に優しく舞わせる。

3　教材を生かすポイント

- ○ 核家族が増え、祖父母と同居する児童が減っている中で、孫と祖母が互いに心通わせる本教材は貴重である。
- ○ 互いに大切に思う家族の愛情に気付き、そのありがたみを感じるふみ子を通じて、心温かな家族への思いと深い愛情に気付かせたい。
- ○ 児童自らも、家族について考え、家族の一員としてできることをしていこうとする心を育みたい。

4　本授業の展開

学習活動と主な発問等	●指導の手立て　◆板書の工夫
1 自分の家族のいいところ、自慢できることをワークシートに書き、発表する。	● 本時の学習に興味・関心をもてるようにする。
2 教材「ベッドの上の花ふぶき」を読んで話し合う。	
家族との関わりを考えよう	
Q1 おばあちゃんが入院した時、ふみ子はどんな気持ちだったと思いますか。**2-1** **Q2**「さくらが見られそうもないね」と、つぶやいたおばあちゃんを見てふみ子はどんなことを考えたでしょうか。**2-2**	● おばあちゃんと主人公のエピソードを想起させ、様々な思いに気付くようにする。 ● 問い返しを行い、多面的・多角的な考えができるようにする。
Q3 ベッドの上にまったさくらの花びらを見て、おばあちゃんとふみ子はどんなことを考えたでしょう。 **3** ワークシートに家族にしたいこと、その理由や思いを書き記す。	◆ 二人の思いを黒板に対比させて、人間理解を深められるようにする。 ● 特別活動と区別するため、行為いがいの理由や気持ちなどに着目する。
4 教師の説話を聞き、学習のまとめをする。	● 家族への関わりについて考えられるようにする。

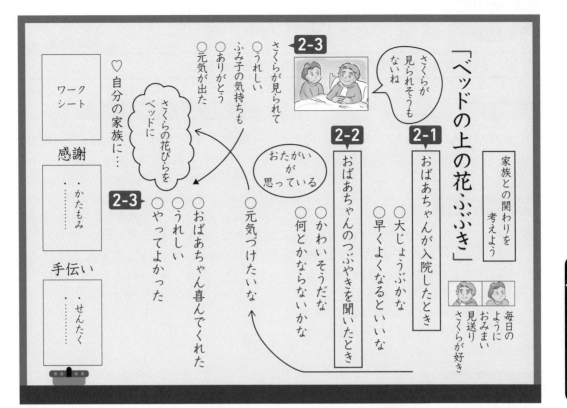

板書（黒板）の内容：

「ベッドの上の花ふぶき」

家族との関わりを考えよう

毎日のようにおみまい　見送り　さくらが好き

2-1 おばあちゃんが入院したとき
○大じょうぶかな
○早くよくなるといいな

2-2 おばあちゃんのつぶやきを聞いたとき
○かわいそうだな
○何とかならないかな

おたがいが思っている

○元気づけたいな
○うれしい
○おばあちゃん喜んでくれた
○やってよかった

2-3 さくらが見られてないね

○元気が出た
○ありがとう
○ふみ子の気持ちも
○うれしい
さくらが見られて

さくらの花びらをベッドに

2-3

♡自分の家族に…

ワークシート

感謝
　・かたもみ
　・……

手伝い
　・せんたく
　・……

---

3 教材から離れて、自分が家族に「したいこと」をワークシートに記し、数名意図的指名を行った後、そのワークシートを黒板に貼り、さらなる意欲付けを図る。

2 Q3 では、おばあちゃんとふみ子、相互の思いや行為を示して、比較ができるように板書する。共通の思いや異なる点について多面的・多角的に人間理解が深まるようにする。

1 Q1 Q2 では、おばあちゃんへの思い（心配・願いをかなえてあげたいなど）を時系列や心情曲線、矢印などで表し、発問の関わり合いも示していく。

準備するもの・作り方

○ ワークシート
　💿 4-25-1
○ 満開の桜と桜吹雪の写真
○ 登場人物の絵
　💿 4-25-2～4

板書を生かして盛り上げる工夫

○ おばあちゃんとふみ子の立場の違いがわかるように板書の位置を工夫して、互いの思いを可視化する。
○ 数人のワークシートを発表させ、その思いなどを示す。

評価のポイント

○ おばあちゃんとふみ子の思いや行動を捉え、互いに通い合うものについて考えている。
○ これからの自分のよりよい家族関係について、本時の学習と関連付けて、考えを深めている。
○ 発言・ワークシートの記述により評価する。

教材名
みんな、待っているよ

出典：廣あ、光村

C 5 よりよい学校生活、集団生活の充実 ｜ 主題名 **わたしの大切なクラス**

1 ねらい

先生や学校の人々を敬愛し、みんなで協力して楽しい学級や学校をつくろうとする態度を育てる。

2 教材の概要

病気のためしぶしぶ院内学級に通っていたが、先生や友達との関わりを通して、楽しく過ごすようになる。手術を前に、院内学級と4年3組からそれぞれ手紙が届く。みんなが待っていてくれていることに気付き、早く病気を治して、どちらの学級にも行けるようになりたいという思いをもつ。

3 教材を生かすポイント

○ 院内学級での様子や、手術前に送られてきた4年3組と院内学級の2つの学級からの手紙を効果的に活用することで、自分を励ましてくれる様々な人に目を向け、よいよい学級についての考えを深めさせたい。
○ 教材を通して考えたことから、自分の学級につなげて考えさせることで、学級のよさに目を向けたり、もっとよくするために自分ができることに気付かせていきたい。

4 本授業の展開

学習活動と主な発問等	● 指導の手立て　◆ 板書の工夫
1 よりよい学級について、自分の考えを発表し、考えていきたい問題に気付く。	● よりよい学級に対するそれぞれの捉えを挙げさせ、その共通点や差異点から考えていきたい問題に気付かせる。
2 教材「みんな、待っているよ」を読んで、話し合う。	● 教材を一読する前に、「院内学級」について、簡単に説明をする。
<div align="center">**よりよい学級について、考えよう。**</div>	
「お父さん、わたし、手術をがんばって早く院内学級に行くよ。そして、早く退院して四年三組に行くよ」 **Q1** どうして「わたし」はこう言って、2通の手紙をはったのでしょう。 **2-1** **Q2**「よりよい学級」とは、どんな学級だろう。 **2-2** **3** 自分たちの学級をよりよい学級にするためにできることを考えよう。 **3**	● 2通の手紙をはった理由を挙げさせ、考えをワークシートに記入させる。 ● 友達と自由に交流しながら、「よりよい学級」について考えたことを小さなホワイトボードに記入し、黒板に貼らせる。 ◆ 自由に書き込める短冊を準備し、児童たちが自分の考えを黒板に貼っていくことができるようにする。
4 よりよい学級について、教師の話を聞く。	● 現在の学級のよさについて、教師が感じていることを話す。

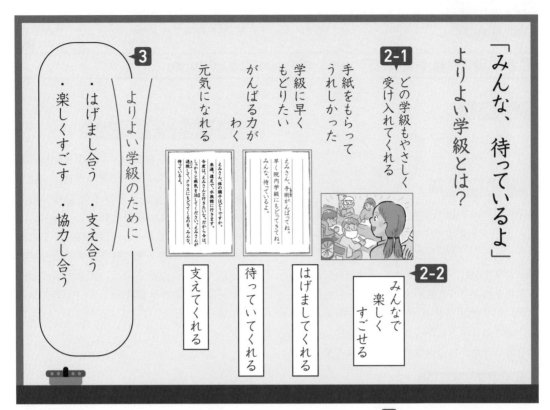

板書

「みんな、待っているよ」
よりよい学級とは？

2-1
どの学級もやさしく
受け入れてくれる

手紙をもらって
うれしかった

学級に早く
もどりたい

がんばる力が
わく

元気になれる

2-2
みんなで
楽しく
すごせる

はげましてくれる

待っていてくれる

支えてくれる

3
よりよい学級のために

・はげまし合う　・支え合う
・楽しくすごす
・協力し合う

3
最後は、Q2で表出された「よりよい学級」に対する多様な考えを基に、自分の学級をもっとよい学級にするために自分がしたいことを考えて発表させる。

2
Q2では、よりよい学級に対する考えが多様に表出する。そこで、児童たちが自由に考えを交流しながら短冊に記入し、それを黒板に貼り付けていく。

1
Q1では、2通の手紙をはった場面を明らかにすることで、院内学級での楽しい様子や2通の手紙が届いた場面に焦点化し、その挿絵を黒板の中心に貼る。

準備するもの・作り方

○ ワークシート
　🔘 4-26-1
○ 場面絵
　🔘 4-26-2〜4
○ 個人用のホワイトボード

板書を生かして盛り上げる工夫

○ 教材範読後に、よりよい学級だと感じた場面を挙げさせ、その理由を考えさせる。それをホワイトボードに記述し、自由に友達と考えを交流しながら、黒板に貼らせることで、児童たちと板書をつくる。

評価のポイント

○ よりよい学級について、様々な視点から考え、自分と違う感じ方や考え方を理解しようとしている。
○ 教材の内容を自分の生活とつなげて考え、自分なりに具体的にイメージして考えている。
○ 授業中の発言・ノート記述により、評価を行う。

4年 ふるさとにとどけ、希望の舞—羽生結弦—

出典：廣あ

C 6 伝統と文化の尊重、国や郷土を愛する態度　**主題名**　きずついたこきょうのために

1　ねらい

自分が生まれ育った郷土や人々を愛する心情を育てる。

2　教材の概要

2011年、羽生結弦は東日本大震災を経験し、ホームリンクを失う。約1か月後、大震災に見舞われながらも、見事に復興を遂げた神戸で滑った日を境に、羽生はスケートを通して故郷や人々を励まそうと決心する。

2014年ソチオリンピック、19歳の羽生結弦は、金メダリストになった。羽生の胸には、大きな喜びとともにこれまで育ててくれた故郷への深い思いがこみ上げる。

3　教材を生かすポイント

○ 本教材は、実在の人物・出来事を扱った教材である。2011年3月11日の東日本大震災の傷跡は大きく、復興は現在も続いている。羽生選手は、震災を経験し、自分を支えてくださった方々への感謝の思いや故郷への思いをつのらせ、スケーターとして自分にできることを考える。児童がよく知っている羽生選手の姿を通して、道徳的価値に迫りたい。

4　本授業の展開

学習活動と主な発問等	●指導の手立て　◆板書の工夫
1 羽生結弦選手について、児童の知っていることを話し合い、導入を図る。	●黒板中央にタイトルやめあて、羽生選手の写真を掲示し、その周りに苦悩や決意、故郷への思いを書き加えていく。
自分の生まれ育ったこきょうを大切にすることについて考えよう	
2 教材「ふるさとにとどけ、希望の舞」を読んで話し合う。 **Q1** 各地のリンクを転々としながら練習しているとき、羽生選手はどんなことを考えていたでしょうか。**2-1** **Q2** 神戸と仙台を重ね合わせながら滑ったとき、羽生選手は、どんなことを考えていたでしょうか。**2-2** **Q3** 「故郷のためにできることがある」と語る羽生選手には、どんな思いがあるでしょうか。**2-3** **3** 自分の生まれ育った場所を大切にするために、自分にできることは何か考える。	●16歳の高校生である羽生選手が震災を経験し、大きな被害を受けたその故郷を離れてスケートの練習に取り組む際の苦悩について考えさせる。 ◆児童が、神戸と仙台を重ね合わせて考えられるように、阪神・淡路大震災と東日本大震災を対比的に板書する ●**Q1**の苦悩や迷いが消え、スケートをする決意を固める羽生選手の気持ちについて考えさせる。
4 児童にとって身近な場所をいくつか選んでまとめた映像資料を視聴する。	●普段は気付きにくい、身近にある大切なものに意識を向けられるようにする。

「ふるさとにとどけ、希望の舞 －羽生結弦－」
自分の生まれ育ったこきょうを大切にすることについて考えよう

16才

2011年　3月11日　東日本大震災
東北地方を中心　2万人をこえる死傷者

2-1

> ・仙台の人は…
> ・自分だけ、仙台を離れて、スケートをやっていていいのか。

2011年4月9日　神戸チャリティーショー

> ・神戸も震災を経験したのに…
> ・自分のスケートを、こんなに応援してくれる人たちがいる。
> ・自分にできることは、スケートしかない。
> ・自分にしかできないこと、スケートを精一杯やろう！

2-2

1995年　1月17日　阪神・淡路大震災
兵庫県を中心約6500人の死者
日本では、東日本大震災に次ぐ被災規模

16年前

2-3

19才

> 金メダリストになったからこそ、こきょうのためにできることがあると思う
> ・スケートを滑ることで、支えてくれた人たちに感謝の気持ちを伝えたい。
> ・震災に負けずに結果を出す姿を見せることで、勇気づけたい。元気になってほしい。

羽生結弦選手の写真

自分の生まれ育った場所・こきょうを大切にするためにできることは？

C

主として集団や社会との関わりに関すること

1
授業の最初で、羽生選手の写真を掲示して知っていることを話し合う。その後、タイトルやめあてを板書する。

2
Q1 では、東日本大震災の被害の大きさを確認するとともに、その中でスケートの練習に取り組む羽生選手の苦悩を感じ取らせる。

3
Q2 では、阪神・淡路大震災と東日本大震災を通して、羽生選手が決意するまでの心を深くほり下げる。

4
Q3 では、今の羽生選手の故郷や人々への思いを捉えさせる。

準備するもの・作り方

○ ワークシート
　　4-27-1
○ 金メダルを模した展示物
　　4-27-2
○ 羽生結弦選手の映像

板書を生かして盛り上げる工夫

○ 羽生選手の写真を板書の中心に配置したり、吹き出しに書き込んだりすることで、羽生選手の苦悩や思いをより共感的に捉えられるようにする。

評価のポイント

○ 16歳にして大震災を経験し、競技人生どころか日常生活も危ぶまれるなか、それでもフィギュアスケートを続ける羽生選手の思いを多面的・多角的に捉えている。
○ 自分の生まれ育った場所を大切にするために、自分にはどんなことができるか考えている。
○ ワークシート・発言により評価する。

出典：日文

C 6 伝統と文化の尊重、国や郷土を愛する態度 ｜ 主題名 **たいせつにしたい日本の伝統と文化**

---

1 ねらい

日本文化に誇りをもち、我が国を愛する心情を育てる。

2 教材の概要

健一は、展覧会で見た東洲斎写楽の浮世絵にひかれる。その浮世絵が、ヨーロッパの画家たちにも影響を与えたことと、明治時代にはただ同然の値段で外国に売られてしまったことを知る。健一は、日本の浮世絵が、なぜ外国の人たちの心を打つのか、それを少しでも知るために、もっと浮世絵を見てみたいと思う。

3 教材を生かすポイント

○ 江戸時代、浮世絵はそば一杯程度の値段で、庶民も買えたと知られている。現在の価値にすると、一枚数百円程度である。人々は浮世絵に対して美術品というよりは、生活に密着した日用品に近い感覚を抱いていたことを導入で確認する。

○ 日本では、日用品として身近にあることで、美術品としての価値に気付きにくかったこと、それが新鮮に感じられた外国に、ただ同然で売られてしまったこと等を通して日本の文化の価値に気付かせたい。

4 本授業の展開

学習活動と主な発問等	● 指導の手立て ◆ 板書の工夫
1 浮世絵について、基本的な情報を確認し、教材への導入を図る。	◆ 庶民にとって浮世絵がどのような存在だったのか、イメージをもたせる。 ● 浮世絵制作の映像資料を視聴する。
身近にある日本の文化や伝統について考えよう	
2 教材「浮世絵」を読んで話し合う。 　**Q1** ぼくが浮世絵にひかれていったのは、どうしてだろう。 2-1 　**Q2** 外国の人が浮世絵をヒントにして絵をかいていることを知ったぼくは、どんなことを考えたでしょうか。 2-2 　**Q3** 日本の浮世絵が、ただ同然の値段で、外国に売られてしまったことを知ったぼくは、どんなことを考えたでしょうか。 2-3 **3** 自分の身近に、どんな日本の伝統や文化があるか考える。	● 浮世絵は人の気持ちを大胆に表現していることなど、児童の捉え方も取りあげる。 ● 浮世絵が、外国の有名な画家にも影響を与えたことを知り、誇らしい気持ちになるぼくの気持ちに共感させる。 ● 浮世絵がただ同然で売られてしまったという事実にショックを受けるぼくの気持ちに共感させる。 ◆ 身近にある自国の文化の価値に気付きにくいことをおさえる。
4 日本の伝統や文化についての話を聞く。	● 児童の身近にある日本の伝統や文化について、実物や映像を見せながら話し、大切さを感じられるようにする。

「浮世絵」
身近にある日本の文化や伝統について考えよう

・江戸時代庶民に人気！　ブロマイド
・同じ浮世絵が大量に摺られた。
・一枚数百円程度で買えた。

そば一杯くらい

浮世絵から目がはなせなくなってしまったぼく
・すごい。想像していたのとぜんぜん違う。
・今にも動き出しそう。迫力がある。
・色合いがきれい。
2-1

外国の人が浮世絵をヒントにして絵をかいていることを知ったぼく
・外国の人にも、認められていたんだ。嬉しい。
・あのゴッホがまねするなんて驚いた。
・浮世絵は、外国に自慢できるようなものなんだ。
2-2

浮世絵が、ただ同然の値段で、外国に売られてしまったことを知ったぼく
2-3

日本の人への疑問・思い

外国の人への疑問・思い

身近に、どんな日本の伝統や文化があるかな

1
浮世絵が、当時の人々にとってどのような存在だったのか、イメージをもたせる。そば1杯程度の値段であったことをおさえる。

2
Q1では、庶民に身近な浮世絵が、多色刷りで色合いが美しく、迫力もある、芸術的にも優れた面をもっていたことを捉えさせる。

3
Q2では、浮世絵が、海外の有名な画家にも大きな影響を与えていたことを知ったときのぼくの驚きや喜びを感じ取らせる。

4
Q3では、浮世絵を売った側の日本人、買った側の外国人の思いや考えを双方の視点から考えさせ、日本文化の価値に気付かせていく。

C
主として集団や社会との関わりに関すること

準備するもの・作り方

○ ワークシート
　　4 -28- 1
○ 場面絵
　　4 -28- 2 ～ 6
○ 浮世絵　数点
○ 浮世絵の作り方の資料
（短い映像資料を見せてもよい）

ICTの活用

○ 導入で浮世絵制作の映像資料を視聴することで、完成までの多くの手順と苦労、技術の巧みさを視覚的に感じ取れるようにする。

評価のポイント

○ 浮世絵のもつ魅力や、日本と外国での受け入れられ方の違いについて、多面的・多角的に考えている。
○ 自分たちの身近には、大切に守るべき日本の伝統・文化が数多くあることに気付き、それらを大切にしたいと考えている。
○ ワークシート・発言・日本の文化への気付きにより評価する。

4年 李さんのおひさまスープ

教材名

出典：廣あ

C7　国際理解、国際親善 　主題名　他国の人とも仲良く、他国の文化に親しむ

1　ねらい

　日本と他国との相違点によるよさに気付き、他国の人々や文化について理解し、進んで親しもうとする態度を育てる。

2　教材の概要

　中国人の李さんが夏海のアパートに引っ越してきた。母親から中国の文化についていろいろと聞くが、どんなことも変だと思ってしまう。ある日、夏海は熱を出し、李さんに看病をしてもらう。少しずつ李さんに親しみをもち始め、話をしているうちに中国の文化についても親しみをもつようになる。

3　教材を生かすポイント

○ 児童にとって国際理解や国際親善に対する関心は高まってきているが、体験を通して理解する機会は、まだ少ない。

○ 日本と他国の違いを知りながらも、実際に他国の人々と関わる場面に出会ったときの主人公に自我関与させ、その時の戸惑いやそれを乗り越えるための考えをしっかりと話し合えるようにしたい。

4　本授業の展開

学習活動と主な発問等	●指導の手立て　◆板書の工夫
1 日本と他国との相違点について話し合う。	● 知っていることを自由に発言させ、他国のことを自分との関わりで考えられるようにする。
2 教材「李さんのおひさまスープ」を読んで話し合う。	● 教材から気になったところや心に残ったところを取り上げ、本時の学習問題を設定する。
他国の人と仲良くするために大切なことについて考えよう。	
Q1 夏海が李さんを変な人と思ったのはどうしてだろうか。 **2-1** **Q2** 夏海にあいさつをしたり声をかけたりする李さんはどんなことを思っているだろうか。 **2-2** **Q3** 李さんを「もう変な人なんかじゃない」と思うようになったのは、なぜだろう。 **2-3** **3** 他国の人たちと仲よくするために大切なことを考える。 **3**	● 食生活や言葉の違いから、戸惑う夏海の気持ちに共感させる。文化や言語の違いに直面したときの思いを自分事として考えられるようにする。 ● 理解しようとした夏海の行動から、心の変化が表れていることに気付かせる。 ◆「変な人」「変な人なんかじゃない」と思う夏海の気持ちを対比して板書し、心の変化を考えさせる。
4 ALT の話を聞く。	● 日本に来て感じた相違点や共通点のよさを話してもらう。

板書

他国の人たちと仲良くするために大切なことについて考えよう。

「李さんのおひさまスープ」

【日本と他国】
○生活習慣
○宗教
○音楽
□言語
□文化
（食べ物、服など）

③ 知ろうと思う気持ち／伝えたいと思う気持ち
♥自分の国のことを知る、教える
♥他国のことを知る
♥たくさん話す（交流する）

変な人 2-1
・引っこしのあいさつがギョーザって…
・よく分からない言葉
・名前も変
・わけが分からない
・このままでいいのかな
・はずかしい・今さら…

2-2
中国人
日本に引っこしてきた
○○○
仲良くなりたい
日本のことを知りたい
どうして・・・

変な人じゃない 2-3
・わたしのためにおひさまスープをありがとう
・中国の文化を知ってすてきだな
・日本と同じ日本とちがうところもあるんだ
・仲良くなって楽しいうれしいもっと知りたいな

3
３では本時のテーマに対する考えを板書する。仲良くするためどんな気持ちを大切にしていきたいか問い、価値の自覚を深めさせたい。

2
Q2では、李さんが夏海に対してどんな思いでいるのかをおさえる。夏海から李さんへの矢印はQ3の後に書く。

1
Q1では李さんを「変な人」と思う夏海の素直な気持ちを出させる。さらに、Q3で「変な人じゃない」と思うようになった理由を整理して板書する。夏海の心の変化を矢印で示す。

来て感じたことや困ったことなどの体験談を話してもらうように依頼しておく。

準備するもの・作り方

○ ワークシート
　　4 –29– 1
○ 夏海と李さんの顔の絵
　　4 –29– 2、3

板書を生かして盛り上げる工夫

○ 双方向の矢印を板書し、他国の人々も同じ思いでいることを感じ取らせたい。

GTの活用

○ 他国の人々や文化に親しむ態度を育てるために、ALTから話をしてもらう。日本に

評価のポイント

○ 李さんに対する夏海の思いや考えを多面的・多角的に考えている。
○ 相互に理解し合うことについて、具体的な場を想起しながら、互いの違いによさを見いだし、他国の人々や文化に親しみ、関心をもつことが大切であることを自己との関わりで考えている。
○ 発言・話し合いの様子・ワークシートの記述により評価する。

4年

教材名

お母さん泣かないで

出典：廣あ

D1 生命の尊さ

主題名 かけがえのない命

1 ねらい

命のかけがえのなさを理解し、自他の命を尊重して一生懸命生きようとする心情を育てる。

2 教材の概要

親友の正子は1年前、主人公の誕生会に来る途中、車にはねられて亡くなってしまった。亡くなった翌日、主人公が正子の母から誕生日のプレゼントとなるはずだったぬいぐるみと手紙を手渡される。翌日の葬式では多くの人が悲しんでおり、主人公も涙があふれて止まらなかった。その後、以前よりも自分や家族の命を大切にして精一杯生きようと思う。

3 教材を生かすポイント

○ 主人公だけでなく、他の友達や正子の両親や周囲の人々、亡くなった正子の心情についても多面的・多角的に考えさせ、一人一人の命が尊いものであることに気付かせ、精一杯生きていくことの大切さに迫っていきたい。

○ 登場人物の心情に共感的に自我関与させながら考えさせていくことで、かけがえのない命についての考えをより深めていきたい。

4 本授業の展開

学習活動と主な発問等	●指導の手立て ◆板書の工夫
1 命について考える。命は、なぜ大切なのでしょう。	●命の大切さやかけがえのなさを実感させる。児童の状況に配慮して行う。
命を大切にするとはどういうことだろう。	
2 教材「お母さん泣かないで」を読んで話し合う。	●主人公以外の友達の心情についても考えさせる。
Q1 正子の死を知ったわたし達はどんな思いだっただろう。 **2-1**	◆「深い悲しみ」の周囲に支えてきた人も書き、多くの人が悲しんでいたことに気付かせる。
Q2 お葬式の式場で、周囲の人はどんな思いだっただろう。 **2-2**	●亡くなった正子の言葉と主人公の返答をワークシートに書き、自分の考えを明確にして、グループで話し合う。
Q3 写真の中のまあちゃんは、どんなことを話しかけているように感じたのだろう。 **2-3**	
Q4 モンちゃんがきてから、わたしはどんなこと思って生活しているのだろう。 **2-4**	●一生懸命生きようとしている主人公の思いを自我関与させて考えさせる。
3 自己を振り返り、命を大切にするとはどういうことか自分の考えを書く。	●一人一人が今後の生き方へとつなげていけるよう、書く活動を取り入れる。
4 命の大切さを実感した、教師の話を聞く。	●今ある命のかけがえのなさに気づき、精一杯生きる意欲を高めるようにする。

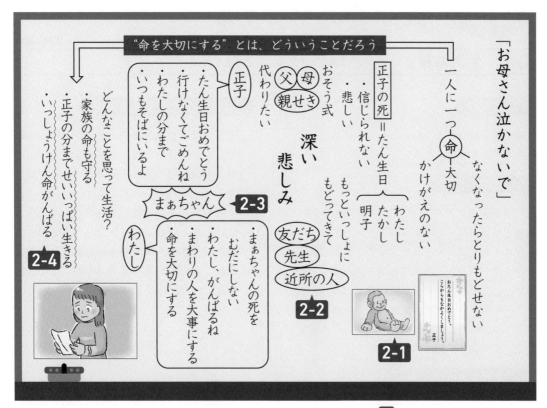

D

主として生命や、自然、崇高なものとの関わりに関すること

3

❓1 のモンちゃんの絵をはり、正子の気持ちを考えさせる。さらに ❓4 について考えさせ、3 でテーマについて考えるところへつなげていく。

2

❓2 で正子の死によって誰がどんな思いなのかを問い、人物とキーワードをメモする。全員共通する深い悲しみを中央に強調して示す。

1

導入では、命についてイメージマップを書く。❓1 で、正子の死を聞いたときのわたしの心情をまとめていく。

準備するもの・作り方

○ ワークシート
　💿 4-30-1
○ 生と死に関わる新聞記事
○ 場面絵
　💿 4-30-2～4

板書を生かして盛り上げる工夫

○ 導入で、命について思い浮かべることを板書にイメージマップとして示す。その後、3 での新たな気づきをイメージマップに書き足していく。

評価のポイント

○ 様々な登場人物の立場になってその悲しみや辛さなどの思いを多面的・多角的に考えている。
○ 登場人物に自我関与して考え、命を失う悲しみや精一杯生きることの大切さを自分事として捉えている。
○ 発言や話し合い、ワークシートへの記述により評価する。

4年 人間愛の金メダル

出典：廣あ

D1 生命の尊さ | 主題名 メダルよりとうといもの

1 ねらい

命の尊さに気付き、命あるものを大切にしようとする態度を育てる。

2 教材の概要

1964年東京オリンピックで、悪天候の中、ヨット競技がスタートする。スウェーデンチームのキエル兄弟がオーストラリアチームを抜き去ろうとしたとき、強風にあおられたヨットからオーストラリアの選手が海に投げ出されてしまう。それを見たキエル兄弟は選手を助ける決断をする。その行動は世界中の人から「人間愛の金メダル」と称賛された。

3 教材を生かすポイント

○ オリンピック出場までの努力や、国の代表としての責任感、国民の期待を背負う中での「生命を救う」2人の決断について深く考えさせたい。

○ 決断をするまでのキエル兄弟の心の葛藤に気付かせるため、教材を途中で区切って提示する。また、本時のテーマについて考えさせ、命が最も尊いものであることに気付かせていきたい。

4 本授業の展開

学習活動と主な発問等	●指導の手立て ◆板書の工夫
1 オリンピックやオリンピック選手について話し合う。	● 選手の写真を見てその努力や国民の期待を想起させる。
2 教材を読み、キエル兄弟の心情を中心に考える。 **Q1** キエル兄弟はどんな思いでレースをスタートさせたのだろう。 **2-1** **Q2** 目と目で語り合いながら、2人はどんなことを考えていたのだろう。 **2-2**	● 多面的・多角的に考えるため、教材を決断する前まで提示する。 ● メダルや国民への思いに共感させる。 ◆ 2つの思いで揺れ動くキエル兄弟の心情を上下に区切って板書することで、考えを整理する。
人間愛の金メダルとたたえられたのはなぜだろう	
Q3 キエル兄弟が世界中の人々から「人間愛の金メダル」と称えられたのはなぜだろう。 **2-3** **3** 自己を振り返り、命を大切にすることについて考える。	● 様々な思いの中でもキエル兄弟が他者の命を最優先させたことに目を向け、自分の命と同様に他の命もかけがえのない尊いものであることに気付かせる。 ● ワークシートに記入し、今後の命との向き合い方について考えを深める。
4 命について、教師の話を聞く。	● 詩の朗読（相田みつを「いのち」）を聞き、一人一人の命が大切に守られてきたことを知る。

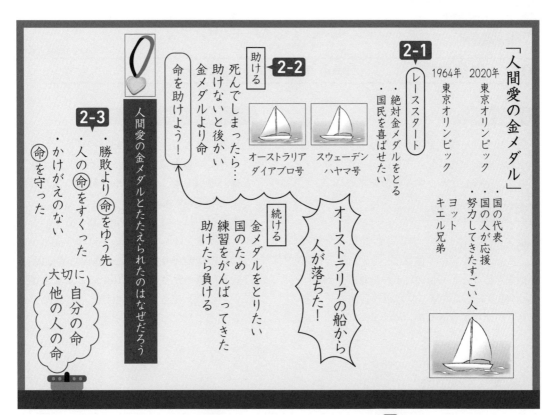

板書

「人間愛の金メダル」

2-1

1964年 2020年
東京オリンピック 東京オリンピック

レーススタート

・絶対金メダルをとる
・国民を喜ばせたい

・国の代表
・国の人が応援
・努力してきたすごい人

ヨット
キエル兄弟

2-2 助ける

オーストラリア スウェーデン
ダイアブロ号 ハヤマ号

死んでしまったら…
助けないと後がい
金メダルより命

命を助けよう！

人間愛の金メダルとたたえられたのはなぜだろう

オーストラリアの船から
人が落ちた！

続ける

金メダルをとりたい
国のため
練習をがんばってきた
助けたら負ける

2-3

・勝敗より命をゆう先
・人の命をすくった
・かけがえのない命を守った

大切に
自分の命
他の人の命

3

教材の後半を読んだ後、題名とテーマを書く。**Q3**の発問で救助場面の絵とメダルを貼り、意見を書く。そこで出た考えを生かして、テーマに関するキーワードを赤でまとめる。

2

Q2でヨットの絵を貼り、目の前でオーストラリアのヨットが倒れた様子を、絵を動かして確認する。葛藤するキエル兄弟の思いを上下に区切って板書する。

1

導入では、2020年東京オリンピックについて話し合った後で1964年東京オリンピックにふれ、本時の教材への関心を高める。**Q1**でスタート時の思いを板書する。

D

主として生命や、自然、崇高なものとの関わりに関すること

考えさせる。

準備するもの・作り方

○ ワークシート
　　4-31-1
○ オリンピック選手の写真
○ 場面絵
　　4-31-2～4
○ 人間愛の金メダルイラスト
　　4-31-5

板書を生かして盛り上げる工夫

○ キエル兄弟の葛藤を荒れた海に見立てた線で板書する。後半の教材を提示した後に題名とテーマを提示し、最も尊い命について

評価のポイント

○ キエル兄弟の葛藤について、友達の意見にも耳を傾けながら多面的・多角的に考えている。

○ 命が最も尊く、何よりも守るべきものであることに気付き、自分だけでなく他の人の命も大切にしていこうとしている。

○ 発言・話し合い・ワークシートによる記述により評価する。

4年

教材名
鳥にのこしたかきの実

出典：光文

D2 　自然愛護 　　主題名 　生き物といっしょに生きる

1 　ねらい

　鳥へ柿を残し共生を図る先人の工夫から、自然や動植物を大切にし、自分たちにできることを考え、実践しようとする心情を高める。

2 　教材の概要

　祖父の家で柿もぎをすることになった政夫は、次々と柿をもいで得意になるが、てっぺんの柿をもごうとして祖父に止められ諭される。「あの柿は鳥たちの分だ」という言葉から、鳥たちとの共生を意識する。

3 　教材を生かすポイント

○ 地域によっては、野生動物の食害等に悩まされているところもある。そうした地域では、原因を考えさせてから教材に入る等の工夫が必要である。
○ 本教材では、鳥が柿の実を食べるということがイメージしにくい。冬に柿の実をついばむ野鳥の画像を提示し、状況理解を促す。
○ 野鳥以外の生き物との共生へと話を広げていく場合、生き物の種類によって接し方が異なることを確認する。

4 　本授業の展開

学習活動と主な発問等	●指導の手立て 　◆板書の工夫
1 身近にいる野鳥との関わりを想起する。	● どのような関わりがあるのか共有する。
野生の生き物といっしょに生きていくにはどうしたよいのだろう。	
2 教材「鳥にのこしたかきの実」を読んで話し合う。 **Q1** なるほどと思ったことはなんだろう。　2-1 **Q2** 野生の生き物といっしょに生きていくにはどうしたよいのだろう。2-2 **3** 一人一人が野生の生き物との関わり方を考える。	◆教材提示前に鳥についばまれた柿の画像を見せ、教材への関心を高める。 ●鳥と共生することへの共感的意見をまとめ、次の発問へつなげていく。 ●グループで話し合わせることで、多面的・多角的に考えさせる。 ◆「見守る」「環境を壊さない」「環境を整える」「アシストする」等の視点に分けて板書する。 ●エサを与える意見には、程度を問いかけ、野生を維持することを押さえる。 ●自分の考えを書かせることで、自分の考えをはっきりさせる。
4 野生の生き物との共生についての考えを交流し合い、視野を広げ自分にできることを考える。	●学習を通して考えた自分にできることを書く。

「鳥にのこしたかきの実」

なるほど

鳥はすごい
冬は食料が少ない
生きるのがたいへん

人間が好きなだけとってはだめ

鳥たちといっしょに生きる

2-1

野鳥
カラス、ハト、スズメ、トンビ、アオサギ
わからない鳥

野生の生き物といっしょに生きていくにはどうしたらよいだろう

かんきょうをこわさない

巣をこわさない

ほどほどに食料をあげる

作物をのこしておく

すばこをつくる

いじめない
こわがらせない

2-2

動物のしゅるいでかかわり方がかわる

3 Q2 では、自分たちにできることを、「見守る」「環境を壊さない」「環境を整える」「アシストする」などの視点で整理して板書する。

2 Q1 では、教材から何を感じ取ったのかを整理して板書し、昔から野生の生き物と共存しようとする工夫があったことを確認するとともに、生活経験の中に似たことがないか想起させる。

1 教材提示前に、冬に枝の先にある柿をついばむ鳥の画像を提示する。これが野鳥に食べさせるために残した柿＝「お布施柿」であると紹介し、黒板の中央に貼る。

準備するもの・作り方

○ ワークシート
　💿 4-32-1
○ 場面絵
　💿 4-32-2、3

板書を生かして盛り上げる工夫

○ 最初に鳥に食べられた柿の画像を見せると、「食べられた」と被害を受けたと考える。そこで「わざわざ食べさせるために残した」ことを伝える。そして、柿をついばむムクドリの画像を見せることで教材への関心を高める。

評価のポイント

○ Q2 のグループ対話で自分たちにできることを、「見守る」「環境を壊さない」「環境を整える」「アシストする」等の視点で多面的・多角的に考えている。
○ 今後の具体的な自らの行動について考え、実践意欲を高めている。
○ 発言・話し合いの様子・ワークシートの記述により評価する。

聞かせて、君の声を！

出典：日文

D2	自然愛護	主題名	野生の命を守る

1　ねらい

野生の生き物と共に生きていくためにはどうしたらよいか考え、自然や動植物を大切にしようとする実践意欲を高める。

2　教材の概要

北海道で野生生物専門の獣医をしている齋藤さんは、送電線に止まって感電死したオオワシと向き合い、生き物の死から声なき声を感じ取り、野生生物を守るため日々活躍している。

3　教材を生かすポイント

○ 日本の絶滅危惧種の数を示したり、居住する地域の絶滅危惧種などを紹介することで、自分たちに関わる問題と捉え、問題意識を高める。

○ 自分たちが行うべき活動と社会で取り組むべき活動の2つの視点で捉え、社会で取り組む活動については、地域の活動や条例を紹介することで自分たちの思いが社会とつながっていることを意識させ、実践意欲を高めていく。

4　本授業の展開

学習活動と主な発問等	●指導の手立て　◆板書の工夫
1 日本の絶滅危惧種の数と住んでいる地域の絶滅危惧種を知る。	◆日本の絶滅危惧種の数や地域の絶滅危惧種の画像などを黒板に貼る。 ●資料を見てどう思うか問いかける。
野生の生き物と共に生きていくにはどうしたらいいのだろう	
2 教材「聞かせて、君の声を！」を読んで話し合う。 **Q1** 斎藤さんの活動をどう思いますか。 **2-1** **Q2** 野生の生き物と共に生きていくにはどうしたらいいのだろう。 **2-2** **3** 居住する地域の自然保護活動や自然保護に関わる条例を紹介する。	◆オオワシと斎藤さんの画像を貼って簡単に内容を紹介してから教材を読む。 ●斎藤さんの活動への感動や共感的な意見をまとめ、保護活動をしている人への共感を明確にしたい。 ●グループで話し合わせることで、多角的に考えさせる。 ◆自分たちができる活動と社会が取り組むべき活動に分けて板書する。 ●児童の考えた社会で取り組むべき活動が、実際に地域でどのように行われているか紹介することで、社会とのつながりを意識させる。
4 一人一人が野生の生き物との関わり方を考える。	●自分の考えを書かせることで、自分の考えをはっきりさせる。

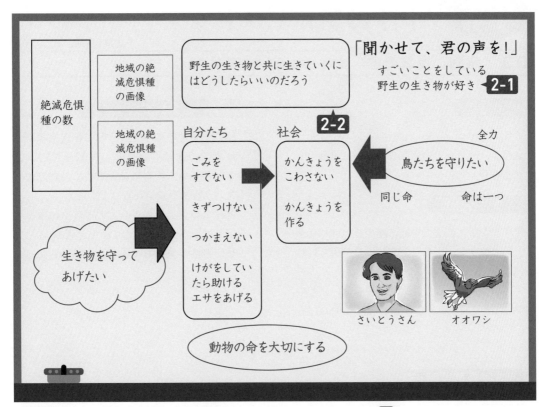

「聞かせて、君の声を!」

すごいことをしている
野生の生き物が好き **2-1**

絶滅危惧種の数

地域の絶滅危惧種の画像

地域の絶滅危惧種の画像

野生の生き物と共に生きていくにはどうしたらいいのだろう

2-2

自分たち

ごみをすてない

きずつけない

つかまえない

けがをしていたら助ける
エサをあげる

社会

かんきょうをこわさない

かんきょうを作る

全力

鳥たちを守りたい

同じ命　　　命は一つ

さいとうさん　　オオワシ

生き物を守ってあげたい

動物の命を大切にする

3

Q2 では、自分たちが行える活動と社会が取り組むべき活動に分けて板書する。

2

教材を読む前に、オオワシの飛翔する画像と齊藤さんの画像を貼る。齊藤さんの活動をどう思うか問いかけ、「共感」「齊藤さんの思い」などに整理して板書する。

1

導入では、日本の絶滅危惧種の数を示し、続いて居住する地域の絶滅危惧種の画像を紹介する。感想を問いかけ、「守りたい」という思いを目立つように板書する。

D

主として生命や、自然、崇高なものとの関わりに関すること

準備するもの・作り方

○ ワークシート
　💿 4 –33– 1
○ 日本の絶滅危惧種の数
○ 居住する地域の絶滅危惧種の画像
○ 飛翔するオオワシと齊藤さんの画像

板書を生かして盛り上げる工夫

○ **Q2** の発問に入る前に、導入での児童の「守りたい」という意見と、「齊藤さんの思い」から中央に向けてそれぞれ矢印を描く。両方の思いは重なっていることを押さえ、**Q2** の発問を行う。

評価のポイント

○ 環境保全、保護、管理などの視点で考えている。また、自分たちのできる活動だけでなく社会で取り組むべき活動も考えている。
○ 自分の経験を振り返りながら、これからの自分の行動について考えを深め、社会的な活動に意識を向けている。
○ **Q2** でのグループでの発言・ノート等への記述から評価する。

4年
教材名

十才のプレゼント

出典：学図、教出、光文

D3　感動、畏敬の念　| 主題名　美しいものに感動する心

1　ねらい

　人間の力では及ばない自然の気高さ、美しさに気付き、美しいものや気高いものに感動する心情を育む。

2　教材の概要

　十才になる主人公あやは、誕生日のプレゼントとして奥秩父の山登りと美しい日の出と自然の風景を父から送られた。

　その情景にあやは、言葉では表せないほどの感動を覚え、しばらくの間立ち尽くすのだった。

3　教材を生かすポイント

○ 感動や畏敬の念などについては、児童のこれまでの生活経験によって個々に差がある。美しいものや気高いものに触れさせるという点でも適切な教材である。

○ 奥秩父の自然や風景などの写真や映像を利用して、児童たちに教材を身近に感じさせ、自然の気高さや美しさを感得させていく。

4　本授業の展開

学習活動と主な発問等	●指導の手立て　◆板書の工夫
1 今まで映画や自然の風景などで、心が動いたり、涙が流れたり、感動した経験について話し合う。	● 事前にアンケートを取り、児童たちの感動体験について把握する。
2 教材「十才のプレゼント」を読んで話し合う。	● ICT を利用して、教材の理解を深めやすいようにする。
お父さんがプレゼントしたかったものについて考えよう	
Q1 日の出の風景を見て、その場にずっと立ったままでいたあやは、どんなことを考えていたのでしょうか。 `2-1`	● 教材を読み進めながら、途中で発問していく。 ◆ ICT を利用して、奥秩父の景色の動画を見ながら発問するとともに、板書には、同じ風景の写真を貼っていく。
Q2 お父さんが、あやに本当にプレゼントしたかったのは何だろう。そしてそれはなぜだろう。 `2-2`	● 父親があやになぜ山登りのプレゼントをしたのか、ペアや小グループで話し合う。
3 自己を振り返り、自然の気高さや美しさに感動した経験を想起し、自分にとっての意義を考える。 `3`	● 自然の感動体験から自分が得たことを考える。

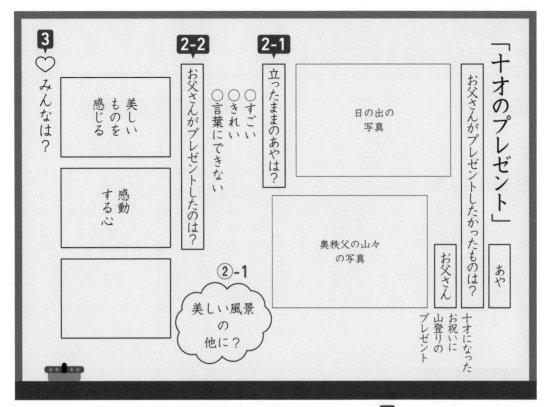

3

黒板の横にスクリーンなど
を用意して、奥秩父の山々
や日の出の映像を見られる
ようにしておき、児童たち
の教材理解の一助とする。
そして、美しいと感じる自
分に気付くようにする。

2

あやに美しい自然の風景を
プレゼントした父親の気持
ちを考えることによって、
美しいものに感動する心の
存在に気付いたり、そうし
た心を大切にしてほしいと
いう思いに気付かせる。

1

Q1 では、なるべく大きな
奥秩父の山々や日の出の写
真を教材の範読と同時に貼
り、児童たちの率直な思い
を引き出すようにする。

準備するもの・作り方

○ ワークシート
　　4 -34 - 1
○ 奥秩父の山々の様子や日の出の動画と写真

板書を生かして盛り上げる工夫など

○ 小グループで話し合わせた場合、小さなホ
　ワイトボードなどで各グループで話し合っ
　たことを黒板に貼っていく。
○ 奥秩父の風景の映像を流すときに、それに
　見合った音楽を BGM として流すのもよい。

評価のポイント

○ 父の誕生日プレゼントの意味について、多
　面的・多角的に考えている。
○ 自分の中にも美しいものに感動する心があ
　ること、また、そのような心を大切にしよ
　うとする思いがあることに気付き、大切に
　していこうとしている。
○ 話し合いの様子・発言・ワークシートの記
　述により評価する。ワークシートの記入し
　ている間に、机間指導を行い、声かけを行
　う。

4年 教材名 花さき山

出典：学研、廣あ、東書、日文、光村、学図（3年）、教出（3年）、光文（3年）

D3 感動、畏敬の念　主題名 美しい心

1 ねらい

人の心の美しさや気高さに感動し、それらを大切にしようとする心情を育てる。

2 教材の概要

ある日、あやは美しい花がさく山で山ンばに会う。その花は、ふもとの村の人間の優しさとけなげさが花になって咲くのだと山ンばは話す。その中には、あやが咲かせた花もあった。あやは山から帰り、優しいことをするときに、「今おらの花が咲いたな」と思うようになった。

3 教材を生かすポイント

○ 教材提示では、原作の力強い切り絵を活用して、プロジェクターで映し出したり、紙芝居で読み聞かせしたりするなど、物語に引き込ませていく。
○ 発問では、「妹や母を思って我慢するあや」や「双子のあんちゃんの弟を思って我慢するあやの姿が美しい花となって咲くことをおさえ、花は、美しい心の象徴となっていることに自ずと気付かせていく。
○ 美しいものに感動する心を共有し、実践につなげるために、「○年○組の花さき山」を掲示したい。

4 本授業の展開

学習活動と主な発問等	●指導の手立て　◆板書の工夫
1 感動した経験について話し合う。	●「美しいな」と感動した経験について自由に発言させ、ねらいとする方向付けを行う。
美しい心とは、どんな心だろう。	
2 教材「花さき山」を読んで話し合う。 Q1 あやはどんな気もちで、「そよさ、かってやれ」といったのか。 Q2 赤い花を見てどんな気持ちになったか。 **2-1** Q3 花さき山に咲く一面の花を見て、あやはどんなことを思っているだろうか。 **2-2** 3 学習テーマ「美しい心」について考える。 **3**	●原作を活用し、プロジェクターや紙芝居等で提示する。 ●児童たちの心に残った場面を中心に話合いを進めていく。 ●花さき山の花が咲いた理由を押さえる。 ◆花さき山を中央に描き、両側に赤い花を見ているあやの思いと青い花を見ているあやの思いを板書する。 ●どんな心が花を咲かせているのかを考えさせ、「美しい心」とは、様々な道徳的価値を含むことに気付かせたい。 ◆中央の花さき山の花カードに様々な道徳的価値を書き込んでいく。
4 人の心の美しさに触れた経験について話し合う。	

美しい心とはどんな心だろう。

山ンば　あや

青い花
- みんなもすてきな花を咲かせているんだな。
- やさしい花だな。
- 弟のためにがまんして、えらいな。
- なんてすてきな花だろう。

2-2

「花さき山」

やさしさ　努力の心
あきらめない
がまん　ゆずる心　思いやり　信じる心
助け合い　感動する心　感しゃの心
正直な心　そんけいする心

3

2-1

❤ やさしい人がこんなにたくさんいるんだ。
❤ 村の人たちの心がこんなにきれいな
❤ 花を咲かせているなんて。
❤ 村の人たちは、やさしいな。
❤ わたしももっと花を咲かせたい。

赤い花
- こんなにきれいな花を咲かせた。
- やさしいことをしてよかった。
- なんてすてきな花だろう。
- これからも妹のためにがんばろう。
- お母さんも喜んでくれる。
- もっと花を咲かせたい。

3

3では、テーマに対する考えを板書する。児童の意見を簡単にした言葉を「花カード」にペンで書き、貼っていく。美しいものに感動する心も美しい心であることにも気付かせたい。

2

Q3で、自分の花だけでなく多くの花を咲かせている人々がいることに気付かせたい。多面的・多角的に捉えられるように、一面の花を強調する。

1

Q2 Q3で赤い花を見ているときの思いを右側に板書し、青い花を見ているときの思いを左側に板書する。自分の花だけでないことを捉えさせたい。

解できるようにしたい。事後の「学級の花さき山」作成上の参考にしたい。

準備するもの・作り方

○ ワークシート
　💿 4 –35– 1
○ 場面絵
　💿 4 –35– 2 ～ 4
○ 花さき山に咲く花カード
　💿 4 –35– 5
○ 「○年○組花さき山」（掲示用）

板書を生かして盛り上げる工夫

○ 板書に貼る花カードは、様々な色の色紙で作っておく。感動する心には、様々な道徳的価値が含まれていることを視覚的にも理

評価のポイント

○ 花さき山の花を様々な視点で捉え、人間のもつ美しい心について多面的・多角的に考えている。

○ 自分の「美しい心」について見つめながら、人の心の気高さや美しいものに感動する心に気付き、その心を大切にしていこうとしている。

○ 発言・話し合いの様子・ワークシートの記述により評価する。

5

特別支援学級中学年の
道徳の板書

特支 教材名 まどガラスと魚

出典：学研、学図、教出、日文、あかつき

A2　正直、誠実　｜　主題名　すなおな心で元気よく生活しよう

1　ねらい

正直に生活することの大切さを自覚し、明るい心で元気よく生活しようとする心情を養う。

2　教材の概要

※ P.36 の「教材の概要」を参照。

3　特別支援教育の観点

○ 自己の過ちを素直に認め難い人間の弱さに目を向け、児童が素直に自分を語ることができるよう、教師はおおらかな態度で受け止めていく。

○ 場面1・2と場面3・4を分けて活用し、主人公の行動とその内面の動きに着目させることで、正直な心で明るく生活することの大切さを十分に感得させていく。

○ 朝の会や帰りの会などで、自分や友達が正直に行動することができた場面などを発表し合い、実践への意欲を高めていく。

4　本授業の展開

学習活動と主な発問等	●指導の手立て　◆板書の工夫
1 うそやごまかしなどの心の弱さについての教師の話を聞く。	● うそやごまかしが身近なことであることを理解させ、ねらいとする価値への方向づけをする。
2 教材「まどガラスとさかな」を読んで、主人公の行動の背景にある気持ちに着目し話し合う。	● 場面設定や登場人物等の資料の概要をあらかじめ説明し、場面1・2と場面3・4を分けて提示する。
正直な心で生活することの大切さについて考える	
Q1 まどガラスを割ってしまった主人公は、正直に言ったのでしょうか、それとも言わなかったのでしょうか？正直に言わなかったのは、どうしてでしょうか　2-1	● 場面1・2を読み正直に言わなかった理由について考える。 ◆「ガラスをわったのはだれだ！」と書かれた紙を掲示し、より主人公の気持ちに共感しやすくする。
Q2 猫の飼い主の姿を見たぼくは、何と言っておじいさんに謝ったのでしょうか？　2-2	● 吹き出し型のワークシートを使い、主人公が何と言って謝ったのかを考えて書かせる。その後、吹き出しを黒板に貼り、役割演技をさせて、主人公の気持ちを表現させる。
3 正直な心について自分自身を振り返る。	● 正直にできたこと、できなかったことについて、ワークシートに記入し、発表させる。 ● その時の気持ちを聞き、表情絵を用いて強調し、正直な心で生活しようとする前向きな気持ちを醸成する。

3

Q2 では、吹き出し型の
ワークシートに児童達が自
分の意見を記入した後、そ
れを主人公の意見として直
接黒板に貼ることで、主人
公に自己を投影しやすくす
る。

2

Q1 では、正直に言わな
かった時の主人公の気持ち
を考えさせる。

1

「ガラスをわったのはだれ
だ！」という張り紙を、割
れたガラスの絵の上から貼
ることで、主人公の気持ち
をより深く捉えさせていく。

せることで、その気持ちの違いを感得させ
る。

準備するもの・作り方

○ 割れたガラスの絵・「ガラスをわったのはだ
れだ！」と書かれた紙
　💿 T-01-1
○ 主人公の顔・おじいさんの顔
　💿 T-01-2〜4
○ ネームカード
○ 吹き出し型ワークシート

評価のポイント

○ 快、不快の気持ちの違いを実感しながら正
直に生活することの大切さについて、考え
を深めている。
○ 自分を振り返り、正直な心で生活すること
のよさを捉えている。
○ 授業中の発言や発話・ワークシートの内
容・役割演技などのパフォーマンス等によ
り評価する。

障害のある児童への手立て

○ 記憶力や集中力等に配慮し、教材を場面
　1・2と場面3・4に分けて提示する。
○ 主人公に自己を投影させて気持ちを考えさ

教材名
友だち屋

出典：光文、光村

B4　友情、信頼　┊　主題名　**本当の友達**

1　ねらい

友達を大切にしていこうとする心情を育てる。

2　教材の概要

※ P. 60 の「教材の概要」を参照。

3　特別支援の観点

○児童が自分自身の読み書き等の実態に応じ

て教材に関わることができるように、教材をマルチメディアデイジー化し、タブレット端末に入れ一人一人に配る。

○キツネとクマ、キツネとオオカミとの友情関係の違いに焦点をあて、ねらいとする価値に迫る。その際、役割演技を取り入れることで、本当の友達とは何かについて考えることができるようにする。

4　本授業の展開

学習活動と主な発問等	●指導の手立て　◆板書の工夫
1 友達とはどんな人なのか考え話し合う。	●話し合いの終盤に、「友達を売っているお店があったらどうしますか」と問いかけ、教材への導入を図る。
2 教材「友だち屋」を読んで、「本当の友達」について話し合う。	●モニターやスクリーンにマルチメディアデイジー化したものを映し出しながら範読する。その後、タブレット端末を配布し、各自が教材に十分に触れる時間をとる。
本当の友達とはどのような友達なのか考える	
Q1 クマとキツネの友達関係と、オオカミとキツネの友達関係を比べるとどのようなところが違うでしょうか？ **2**	◆ 2 つの友情関係の違いについて視覚的に捉えやすいように、表に整理する。 ●話し合い後に、役割演技を行い、友情関係の違いについて考えを深める。 ●記入が進まない児童には、 2 つの友情関係の違いを思い出させたり、表情絵や言葉による選択肢を複数提示し、選べるようにしたりする。
3 自分にとって「本当の友達」とはどのような友達なのか、ワークシートに記入し、発表し合う。 **3**	
4 生活の中での友達との関わりを振り返えり、これからの友達との関わり方について考える。	●児童達が友達と過ごしている写真をスライドショーで流し（BGM『友達はいいもんだ』）、友達を大切にしていこうとする心情を高める。

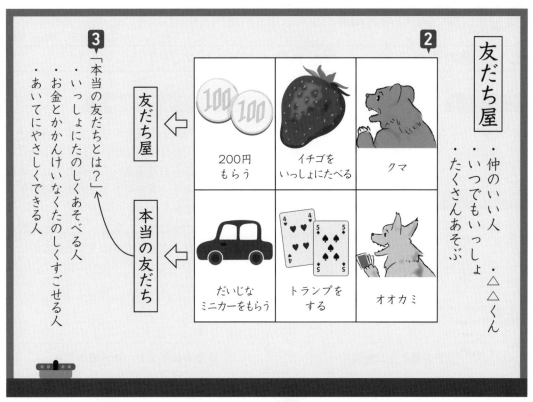

2

自分にとっての「本当の友達」について考える場面では、学級の友達の顔写真を一枚一枚黒板に貼っていくことで、児童が普段の自身の生活を振り返って考えることができるようにする。

1

Q1 では、クマとキツネと、オオカミとキツネの友情関係の違いを明確にするために、表に鍵となる「いちご」「お金」「ミニカー」などはイラスト化して貼っていく。

準備するもの・作り方

○ イラスト
　　 T-02-1〜6
○ キツネ、クマ、オオカミのお面

ICT を活用した理解のための支援

○ 児童の読み書きの実態に応じるため教材をマルチメディアデイジー化する。
○ 普段の友達との生活の様子を、スライドショーにして示し、友達について考えやすくする。

評価のポイント

○ キツネとクマ、オオカミとキツネの関係の違いを捉え、「本当の友達」について考えている。
○ 自分と友達との関係を振り返り、大切にしようとしている。
○ 授業中の発言や発話・ワークシートの内容・役割演技などのパフォーマンスを中心として評価する。

出典：学研、学図、廣あ

C1	規則の尊重	主題名　お互いに気持ちよくすごそう

1　ねらい

　公共に対する意識をもち、みんなで使う物や場所、社会のマナーを大切にしようとする態度を育てる。

2　教材の概要

※ P.66 の「教材の概要」を参照。

3　特別支援教育の観点

○ 教材の内容を理解しやすくするためにペープサートを活用して提示する。
○ なぜ姉があめ玉を拾ったのかを中心に考えさせ、周りの人々のことを考えて行動する大切さを捉えさせる。
○ 遠足等の学校行事と関連させ、公園に落ちているゴミを拾って捨てるなどの実践につなげる。

4　本授業の展開

学習活動と主な発問等	● 指導の手立て　◆ 板書の工夫
1 みんなで使う場所について話し合い、不愉快な体験をしたことがあるかどうか話し合う。	● 実際のトイレや教室が汚れていたりゴミが落ちていたりする写真を提示し、価値への方向付けをする。
2 教材「あめ玉」を読んで、登場人物の気持ちや行動の理由について話し合う。	● 教材の場面設定や登場人物などの教材の概要をあらかじめ説明し、ペープサートで教材を提示する。
みんなが気持ちよくすごすために、大切なことは何かについて考える	
Q1 ガムが靴の底に付いたとき、「わたし」はどのような気持ちでしたか？ 2-1	● 実際のガムを用意し、ガムが靴の底につくという体験をしてみる。そうした自身の体験を元に「わたし」の気持ちを推測する。
Q2 なぜ、姉は一生けんめいにあめ玉を拾ったのでしょうか？ 2-2	● 場面絵やペープサートなどで状況を再度確認してから発問する。"落ちたから拾った" という回答の場合には、「拾わなくても誰も困らないのではないか？」と問い、ほり下げていく。 ● ルールとマナーの違いについて確認する。
3 みんなが気持ちよく過ごすために大切なことは何か話し合う。	● 普段の生活の中でみんなが気持ちよく過ごすためにしていること、大切にしていることについて話し合う。

3

Q1 **Q2** では、発問毎に場面絵を貼るだけではなく、発問についても板書することで、どの場面のどのようなことを聞かれているのかを常に確認できるようにする。

2

教材の提示の前に、駅のホームや電車の中での話であること、登場人物が「わたし」と姉妹であることを視覚的に確認することで、教材の理解を促す。

1

導入場面では、児童が普段使用している教室やトイレの写真を提示することで、授業への関心を高め、自分事として主題を捉えられるようにする。

に分ける。

準備するもの・作り方

○ 写真2枚：教室、トイレの写真（A3以上）
○ 顔のイラスト：「わたし」、姉、妹、あめ
　玉、ガム
　💿 T–03– 1 〜 5
○ 場面絵
　💿 T–03– 6 、7

板書を生かして理解のための支援

○ 板書では、個々の実態を考慮し必要に応じてふりがなをふるなどの配慮をする。
○ 日常生活の話と、教材の話の違いが視覚的に分かりやすいように、板書の場所を明確

評価のポイント

○ みんなが使う場所ではどうすることが大切なのか考えを深めている。
○ 自己の生活を振り返り、今後の具体的な実践について考えている。
○ 授業中の発言や発話・役割演技などのパフォーマンスを中心として評価する。

教材名

いのちのまつり（ヌチヌグスーチ）

出典：光文、光村、東書、学図

| D1 | 生命の尊さ | 主題名 | つながる命 |

1　ねらい

命の連続性に気づき、自分の命、人の命を大切にする心情を育てる。

2　教材の概要

※ P.92 の「教材の概要」を参照。

3　特別支援教育の観点

○ 沖縄独特の世界観を児童達に感じ取らせるために、必要に応じて社会など他の時間と連携して学習を進める。

○ 命のつながりについて視覚的に捉えさせるため、"自分"を中心として、過去の存在としてのご先祖様と未来の存在としての子孫を、視覚的に示す。

○ 本教材は家族愛にも関連する内容であるため、各家庭の実態に十分に配慮しながら授業を展開する。

4　本授業の展開

学習活動と主な発問等	●指導の手立て　◆板書の工夫
1「命」について知っていること、考えていることを発表する。	●児童に自由に発言させ、ねらいとする価値や教材への興味・関心を高める。
2 教材「命のまつり」を読んで、ご先祖様や子孫について考えたり、命について話し合ったりする。	●沖縄のお墓について、写真で簡単に紹介する。 ●教材提示は『いのちのまつり』の絵本を PC に取り入れ BGM を流しながら範読する。
つながる命について考える	
Q1 どうして主人公は、「ぼくの命ってすごいんだね。」と言ったのでしょうか？ 2-1	●命の連続性に気づいた主人公を捉えさせる。 ●各自の顔写真が紙の中央に配置されたワークシートを配布する。ご先祖様のイラストや子孫のイラストを、顔写真を中心として自由に貼る活動を通し、命のつながりについて体感させていく。
Q2 自分の命のつながりを考えてみよう 2-2	●つながる命について考えを深めるとともに、自分自身も命をつないでいく存在であることを確認する。
3 命について考えたことを話し合う。	●「今までに命のつながりを感じたことはありますか」と発問し、自己の経験を振り返らせる。

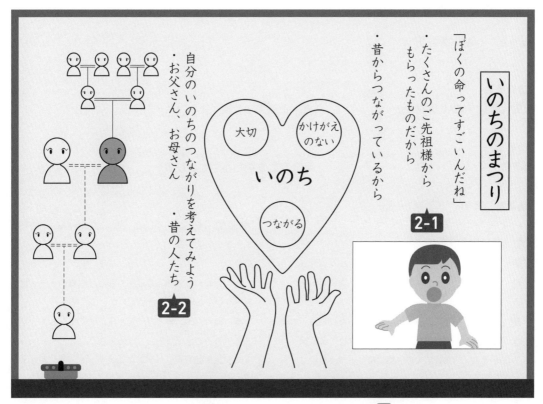

板書

いのちのまつり

「ぼくの命ってすごいんだね」
・たくさんのご先祖様から
　もらったものだから
・昔からつながっているから

2-1

大切
かけがえのない

いのち

つながる

自分のいのちのつながりを考えてみよう
・お父さん、お母さん　・昔の人たち

2-2

3

Q2 では、ハートのイラストの左側に児童自身のいのちのつながりを人カードで示していく。上にご先祖様をはり、下に子孫のシルエットを貼っていくことでつながりを捉えやすくする。

2

Q1 では、ハートのイラストの右側に教材を基に考えたことを板書する。発問する際には、児童が前後の文脈を理解しやすいように場面絵を活用する。

1

導入では、黒板の中央に手の中に抱かれたハートのイラストを配置することで、「命」に関するイメージを喚起し、「命」について知っていることや考えていることを引き出しやすくする。

D

主として生命や、自然、崇高なものとの関わりに関すること

準備するもの・作り方

○ 場面絵
　　💿 T-04-1
○ シルエット：人型のシルエット
　　💿 T-04-2

板書を生かした理解のための工夫

○ 中央にハートのイラストを大きく配置することで、「いのち」について考える時間なのだということを明確に示す。
○ 自分自身について各自考えさせることで命のつながりを実感させていく。

評価のポイント

○ 命のつながりについて考えることを通し、自分の命は自分だけのものではないと気づいている。
○ 自分のいのちのつながりを理解し、大切にしようとしている。
○ 授業中の発言や発話、活動への取り組み方を中心として評価する。

編著者・執筆者紹介

[編集代表]

永田　繁雄（ながた　しげお）　　　　東京学芸大学教授

[編著者]

齋藤道子（さいとう　みちこ）　　　　元文京区立明化小学校副校長

[執筆者] 所属は令和2年1月現在

		[執筆箇所]
永田　繁雄	（前出）	まえがき／第1章
齋藤　道子	（前出）	第2章
尾崎　正美	岡山大学教育学部附属小学校教諭	3年　よわむし太郎／きっとできる―高橋尚子―／世界一うつくしい体そうをめざして―内村航平―
坂井　孝子	福島県郡山市立桃見台小学校教諭	3年　ぬれた本／まどガラスと魚／ぼくがいるよ
山本　由紀子	東京都文京区立誠之小学校指導教諭	3年　金色の魚／貝がら／はた・らく
林　洋平	東京都大田区立北糀谷小学校教諭	3年　鬼太郎をかいたゲゲさん／ソフトボールで金メダルを
松尾　昌子	栃木県市貝町立小貝小学校教諭	3年　バスの中で／同じなかまだから／「おもてなし」ってなあに
木下　美紀	義務教育学校宗像市立大島学園主幹教諭	3年　公園のひみつ／電話のおじぎ／ドンマイ！　ドンマイ！
橋本　久美子	栃木県那須塩原市立東小学校教諭	3年　かねつきどう
中村　伊織	千葉県船橋市立高郷小学校教諭	3年　友だち屋／海をわたるランドセル／ヒキガエルとロバ
久我　逸就	栃木県宇都宮市立姿川第一小学校教諭	3年　たまちゃん、大好き／ホタルの引っこし／百羽のつる
丸山　農	明星学苑明星小学校教諭	3年　あめ玉／みんなのわき水／一まいの銀貨
藤澤　由紀夫	埼玉県越谷市立大沢小学校校長	3年　母の背中―渋沢栄一―／マサラップ／幸福の王子
遠藤　信幸	東京都渋谷区立広尾小学校主幹教諭	3年　学校自まん集会／ふろしき
星　直樹	早稲田実業学校初等部教頭	4年　ふりだした雨／ほっとけないよ／絵葉書と切手
加納　寛子	東京都文京区柳町小学校主任教諭	4年　新次のしょうぎ／「正直」五十円分／目覚まし時計
田邉　慎吾	東京都文京区立明化小学校教諭	4年　本当に好きなことは／へらぶなつり／わたしにはゆめがある―マーティン・ルーサー・キング・ジュニア―
志田　美代子	新潟県加茂市立石川小学校教諭	4年　明の長所／文字を書く喜び／言葉のまほう
永田　佑	鹿児島大学教育学部附属小学校教諭	4年　より遠くへ／わかってくれてありがとう／みんな、待っているよ
川村　晃博	岩手大学教育学部附属小学校教諭	4年　心と心のあく手／谷川岳に生きたドクター／い

のりの手

鈴木　保宏	愛知県西尾市立福地南部小学校教諭	4年　ええことするのは、ええもんや！／鳥にのこしたかきの実／聞かせて、君の声を！
渡邉　純子	埼玉県加須市立三俣小学校教諭	4年　朝がくると／李さんのおひさまスープ／花さき山
彦阪　聖子	大阪府堺市立西陶器小学校教諭	4年　ないた赤おに／雨のバスていりゅう所で／神戸のふっこうは、ぼくらの手で
田尻　稔	東京都青梅市立友田小学校主任教諭	4年　点字メニューにちょうせん／ふるさとにとどけ、希望の舞―羽生結弦―／浮き世絵
藤井　隆之	山口県宇部市立上宇部小学校教諭	4年　ブラッドレーのせいきゅう書／ベッドの上の花ふぶき／十才のプレゼント
伊藤　さゆり	埼玉県吉川市立関小学校教諭	4年　お母さん泣かないで／人間愛の金メダル
齋藤　大地	東京学芸大学附属特別支援学校教諭	特支　まどガラスと魚／友だち屋／あめ玉／いのちのまつり（ヌチヌグスーチ）

『板書で見る全時間の授業のすべて　特別の教科 道徳　小学校中学年』付録 DVD について

・各フォルダーには、以下のファイルが収録されています。
　① 板書の書き方の基礎が分かる動画（出演：成家雅史先生）
　② 授業で使える短冊類（PDF ファイル）
　③ 学習指導案のフォーマット（Word ファイル）
　④ 児童用のワークシート（Word ファイル、PDF ファイル）
　⑤ 黒板掲示用の資料、写真、イラスト等
・DVD に収録されているファイルは、本文中では DVD のアイコンで示しています。
・これらのファイルは、必ず授業で使わなければならないものではありません。あくまで見本として、授業づくりの一助としてご使用ください。

【使用上の注意点】
・この DVD はパソコン専用です。破損のおそれがあるため、DVD プレイヤーでは使用しないでください。
・ディスクを持つときは、再生盤面に触れないようにし、傷や汚れ等を付けないようにしてください。
・使用後は、直射日光が当たる場所等、高温・多湿になる場所を避けて保管してください。
・PDF ファイルを開くためには、Adobe Acrobat もしくは Adobe Reader がパソコンにインストールされている必要があります。
・PDF ファイルを拡大して使用すると、文字やイラスト等が不鮮明になったり、線にゆがみやギザギザが出たりする場合があります。あらかじめご了承ください。

【動作環境　Windows】
・〔CPU〕Intel® Celeron® プロセッサ360J1. 40GHz 以上推奨
・〔空メモリ〕256MB 以上（512MB 以上推奨）
・〔ディスプレイ〕解像度640×480、256色以上の表示が可能なこと
・〔OS〕Microsoft Windows10以降
・〔ドライブ〕DVD ドライブ

【動作環境　Macintosh】
・〔CPU〕Power PC G4 1.33GHz 以上推奨
・〔空メモリ〕256MB 以上（512MB 以上推奨）
・〔ディスプレイ〕解像度640×480、256色以上の表示が可能なこと
・〔OS〕Mac OS 10.12（Sierra）以降
・〔ドライブ〕DVD コンボ

【著作権について】
・DVD に収録されているファイルは、著作権法によって守られています。
・著作権法での例外規定を除き、無断で複製することは法律で禁じられています。
・DVD に収録されているファイルは、営利目的であるか否かにかかわらず、第三者への譲渡、貸与、販売、頒布、インターネット上での公開等を禁じます。
・ただし、購入者が学校での授業において、必要枚数を児童に配付する場合は、この限りではありません。ご使用の際、クレジットの表示や個別の使用許諾申請、使用料のお支払い等の必要はありません。

【免責事項】
・この DVD の使用によって生じた損害、障害、被害、その他いかなる事態についても弊社は一切の責任を負いかねます。

【お問い合わせについて】
・この DVD に関するお問い合わせは、次のメールアドレスでのみ受け付けます。　tyk@toyokan.co.jp
・この DVD の破損や紛失に関わるサポートは行っておりません。
・パソコンやアプリケーションソフトの操作方法については、各製造元にお問い合わせください。

板書で見る全時間の授業のすべて

特別の教科 道徳 小学校中学年
〜令和 2 年度全面実施学習指導要領対応〜

2020（令和 2 ）年 3 月22日　初版第 1 刷発行
2021（令和 3 ）年10月22日　初版第 3 刷発行

編集代表：永田　繁雄
編 著 者：齋藤　道子
発 行 者：錦織　圭之介
発 行 所：株式会社東洋館出版社
　　　　　〒113-0021　東京都文京区本駒込 5 丁目16番 7 号
　　　　　営 業 部　電話 03-3823-9206　FAX 03-3823-9208
　　　　　編 集 部　電話 03-3823-9207　FAX 03-3823-9209
　　　　　振　　替　00180-7-96823
　　　　　Ｕ Ｒ Ｌ　http://www.toyokan.co.jp

印刷・製本：藤原印刷株式会社
編集協力：株式会社オセロ、株式会社森友社

装丁デザイン：小口翔平＋岩永香穂（tobufune）
本文デザイン：藤原印刷株式会社
イラスト：いまい　かよ（株式会社オセロ）

ISBN978-4-491-04010-3　　　　　　　　　Printed in Japan
※本書に付属の DVD は、図書館及びそれに準ずる施設において館
　外に貸出することはできません。